SERGIO DELLAVECCHIA

SCHEDE DI DISEGNO

A CURA DI **CARLO AMERIO**

SOCIETÀ EDITRICE INTERNAZIONALE - TORINO

SEI

Coordinamento editoriale: Anna Maria Battaglini
Progetto editoriale e redazione: Claudia Marchis
Coordinamento tecnico: Michele Pomponio
Impaginazione: Puntografica - Torino
Disegni: Gian Marco Dellavecchia
Coordinamento multimediale: Nicola Prinetti
Redazione multimediale: Francesca Gatto
Copertina: Piergiuseppe Anselmo

07514

Prima edizione: 2014

Ristampa

1 2 3 4 5 6 7 8 9 10

2017 2018

Stampa: Sograte - Città di Castello (PG)

Ridisegna le sagome qui visualizzate negli appositi contorni, utilizzando la costruzione delle divisioni del segmento in parti uguali.

a)

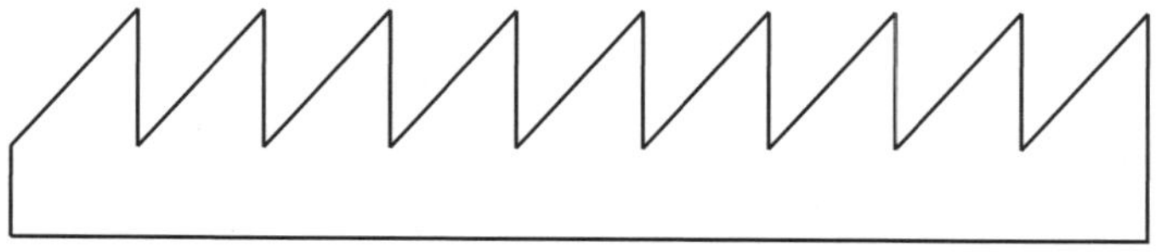

b)

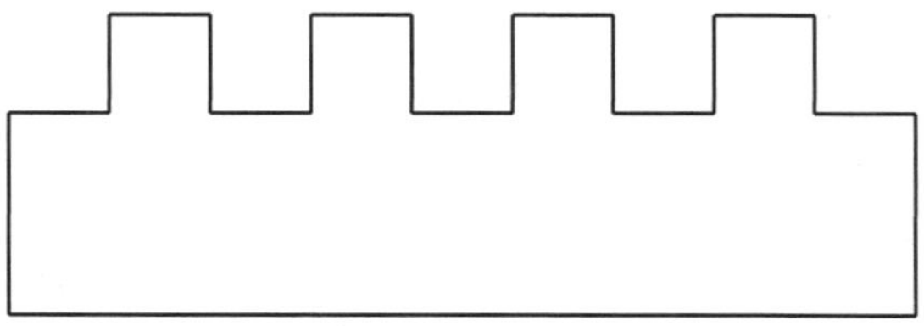

c)

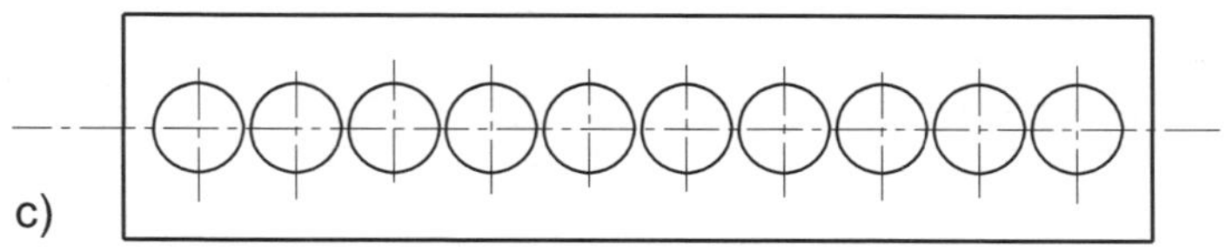

COSTRUZIONI GEOMETRICHE	Scuola	Classe	Data
	Allievo	Scala	1

Partendo da un triangolo equilatero inscritto in una circonferenza con raggio di 8 cm, costruisci la sequenza dei triangoli equilateri decrescenti, dimezzando di volta in volta la base del triangolo.

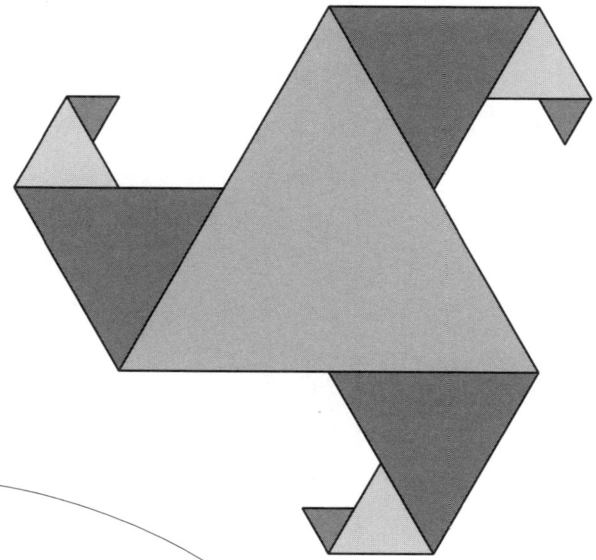

COSTRUZIONI GEOMETRICHE	Scuola	Classe	Data
	Allievo	Scala	2

Disegna la forma pentagonale del nucleo centrale della Cittadella di Torino con le dimensioni indicate in mm. Puoi utilizzare la costruzione del pentagono regolare dato il lato.

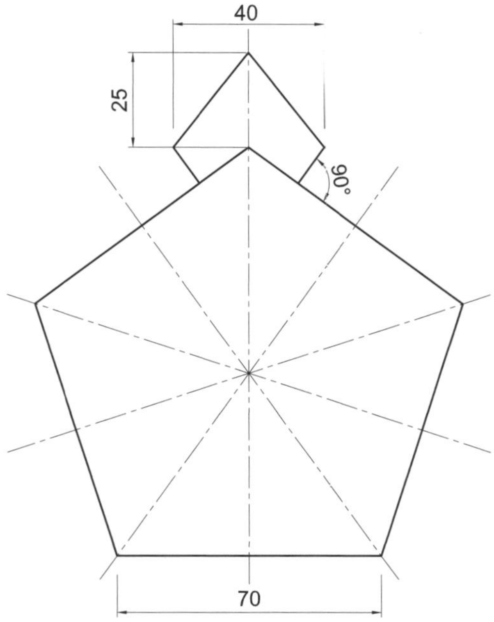

COSTRUZIONI GEOMETRICHE	Scuola	Classe	Data
	Allievo	Scala	3

Data la circonferenza, dividila in 24 parti, seguendo lo schema di costruzione qui riportato, completa il disegno raddoppiando le dimensioni dello schema.

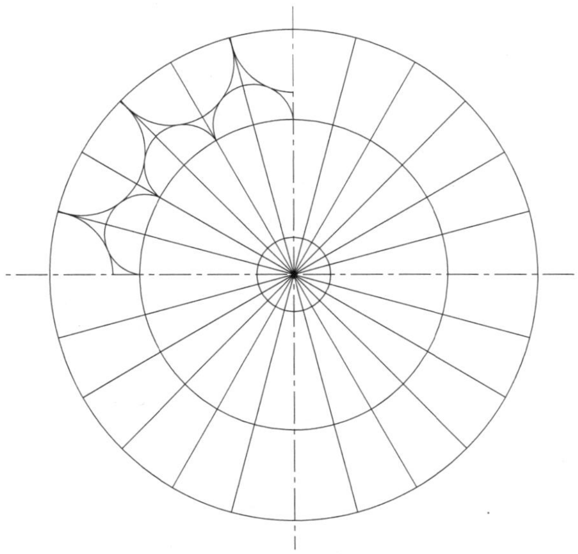

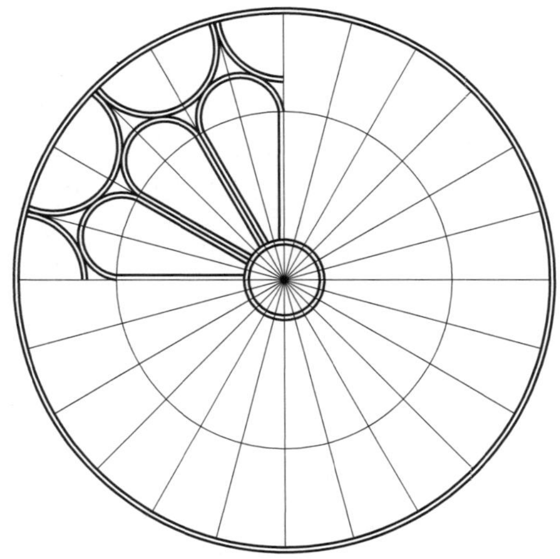

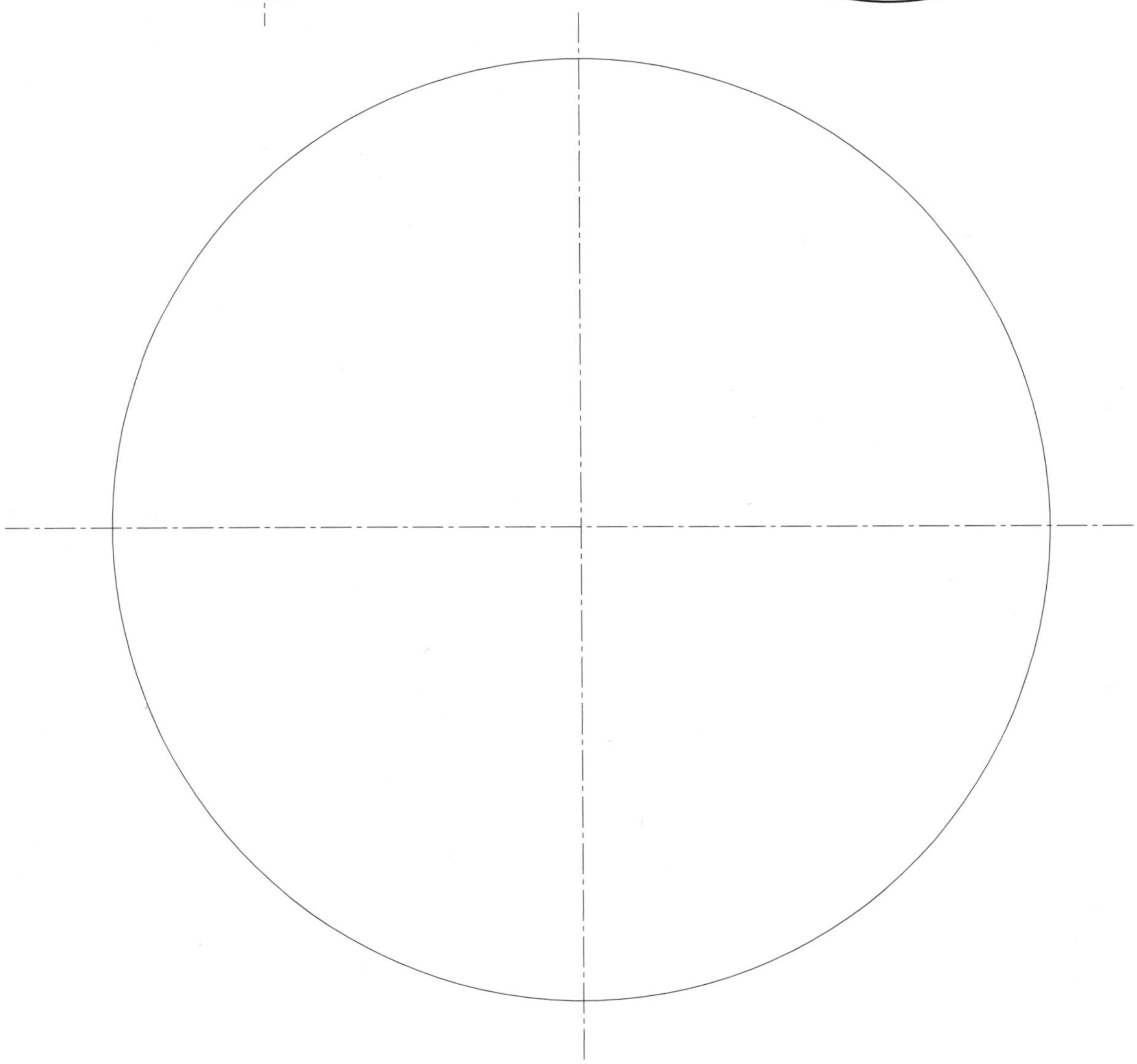

COSTRUZIONI GEOMETRICHE	Scuola	Classe	Data
	Allievo	Scala	4

Raccordando le circonferenze puoi costruire un circuito. Per fare questo utilizza la costruzione del raccordo tra due circonferenze raccordandole a due a due. Le circonferenze sono già tracciate, tu disegna i raccordi.

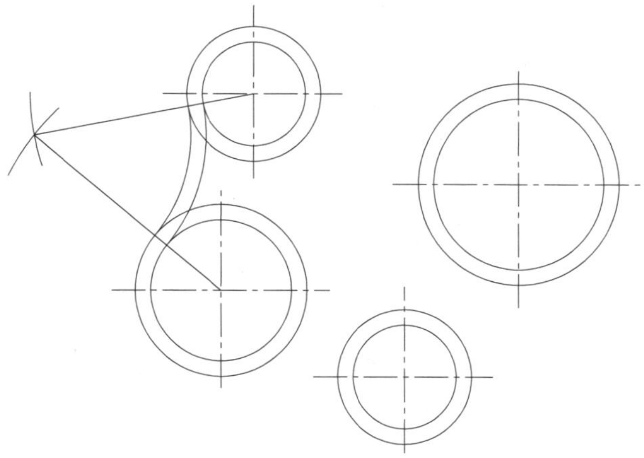

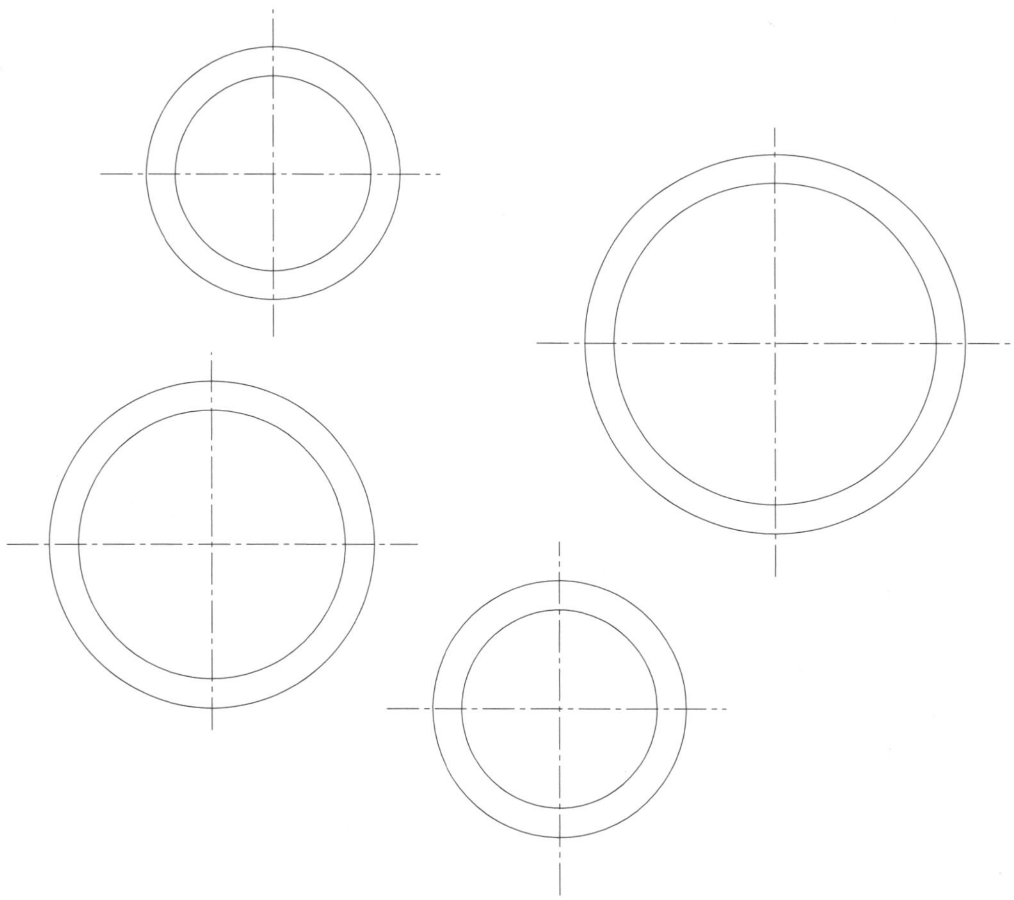

COSTRUZIONI GEOMETRICHE	Scuola	Classe	Data
	Allievo	Scala	5

Disegna l'uovo e il portauovo raddoppiando le misure dell'asse maggiore.

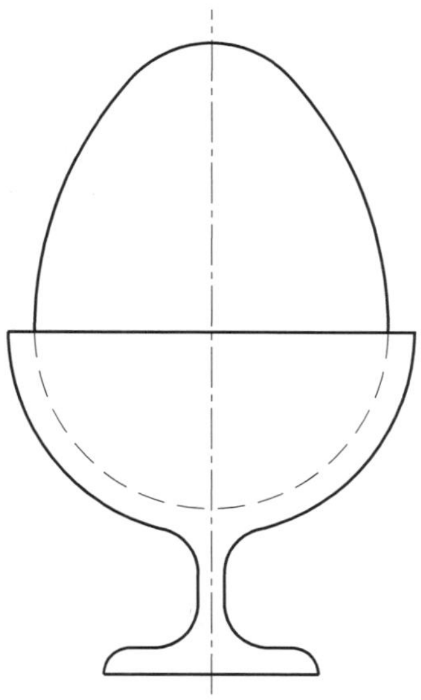

Disegna gli occhiali con le rispettive lenti ovali raddoppiando le misure.

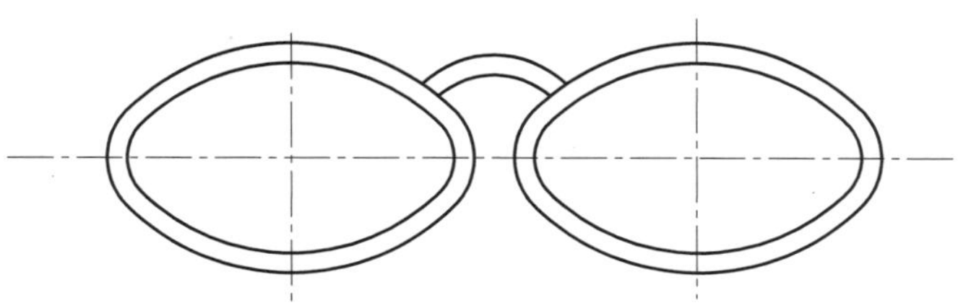

COSTRUZIONI GEOMETRICHE	Scuola	Classe	Data
	Allievo	Scala	6

Con la costruzione dell'ellisse dati gli assi (1° metodo), disegna le ellissi come nell'esempio qui riportato, utilizzando gli assi già tracciati. Le misure sono raddoppiate.

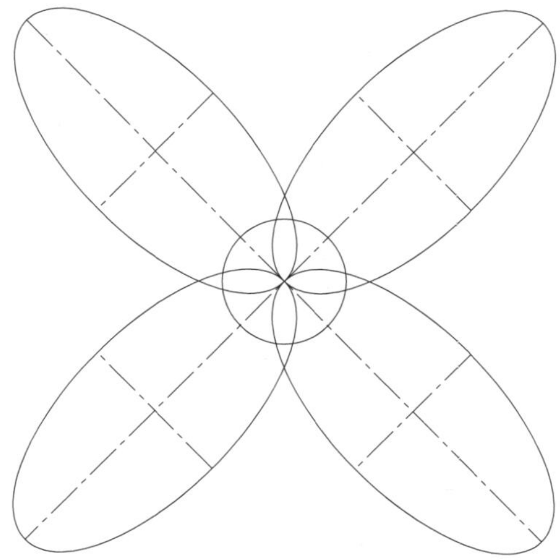

COSTRUZIONI GEOMETRICHE	Scuola	Classe	Data
	Allievo	Scala	7

Disegna una spirale di Archimede, dato il passo *OP*.

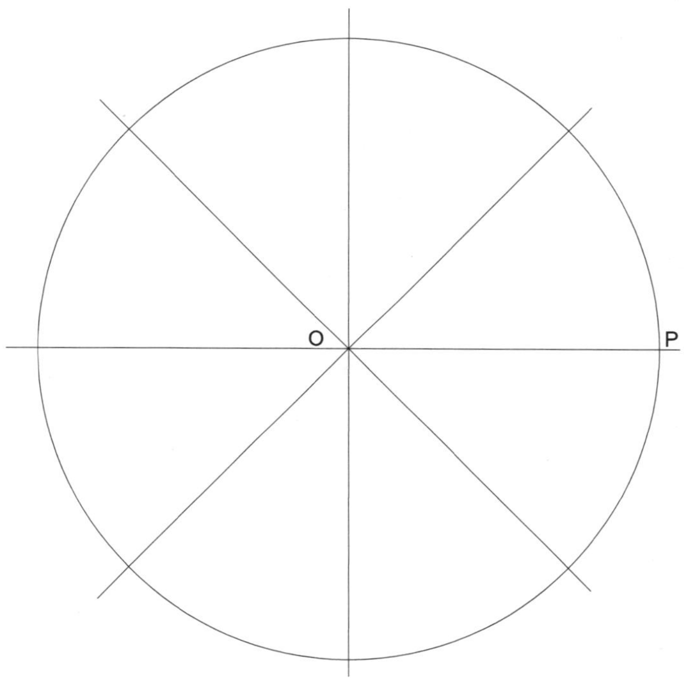

COSTRUZIONI GEOMETRICHE	Scuola	Classe	Data
	Allievo	Scala	8

Disegna l'iperbole, noti i fuochi e la distanza tra i vertici.

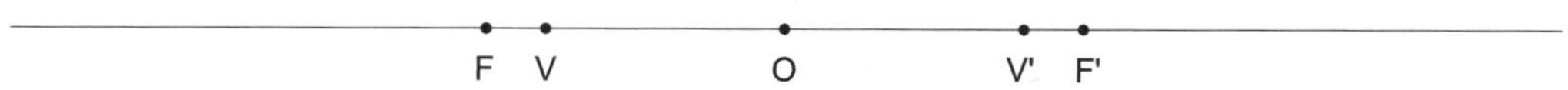

Costruisci la parabola, noti la direttrice e il fuoco.

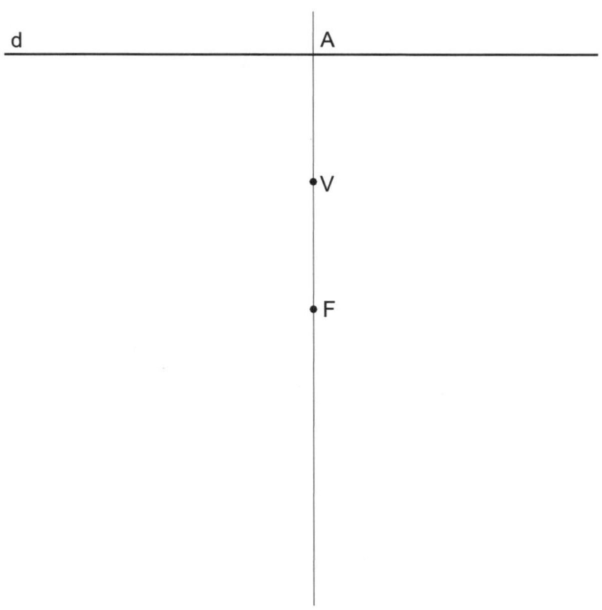

COSTRUZIONI GEOMETRICHE	Scuola	Classe	Data
	Allievo	Scala	9

La pianta disegnata qui a fianco può corrispondere a diversi solidi.
Disegna quattro prospetti di solidi che hanno questa rappresentazione in pianta.

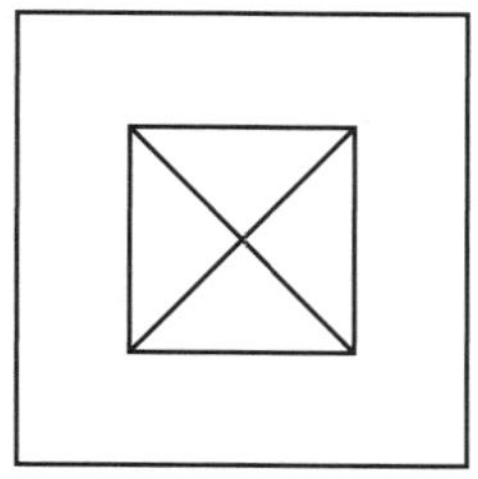

L.T.

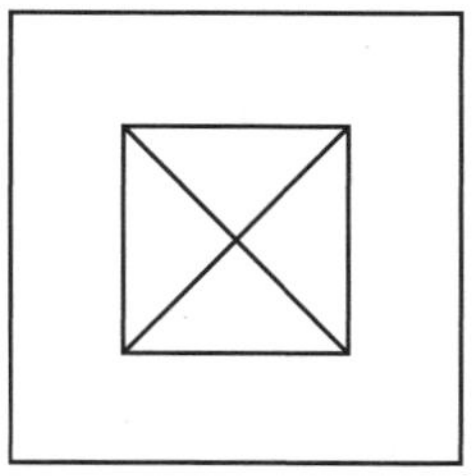

L.T.

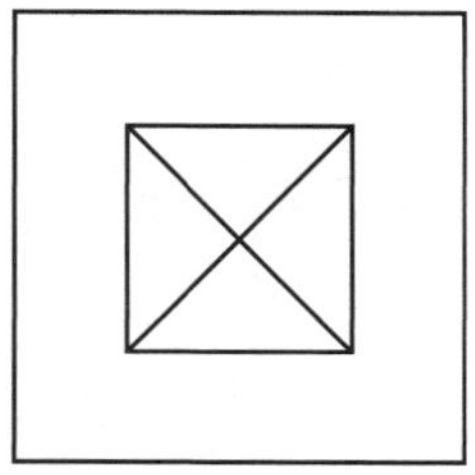

L.T.

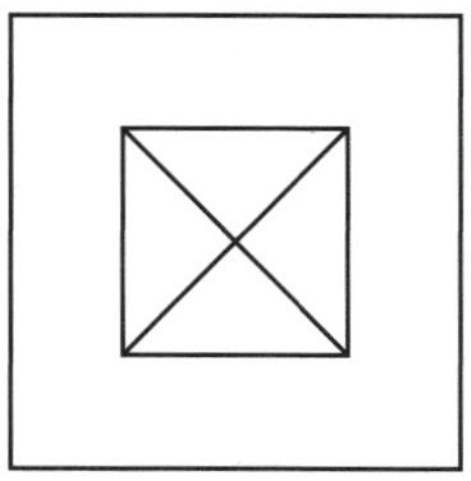

L.T.

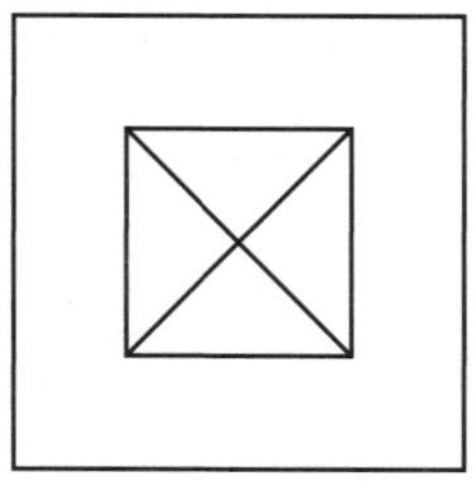

PROIEZIONI ORTOGONALI	Scuola	Classe	Data
	Allievo	Scala	10

Completa le proiezioni ortogonali del pezzo qui rappresentato, ricavando le misure dall'assonometria.

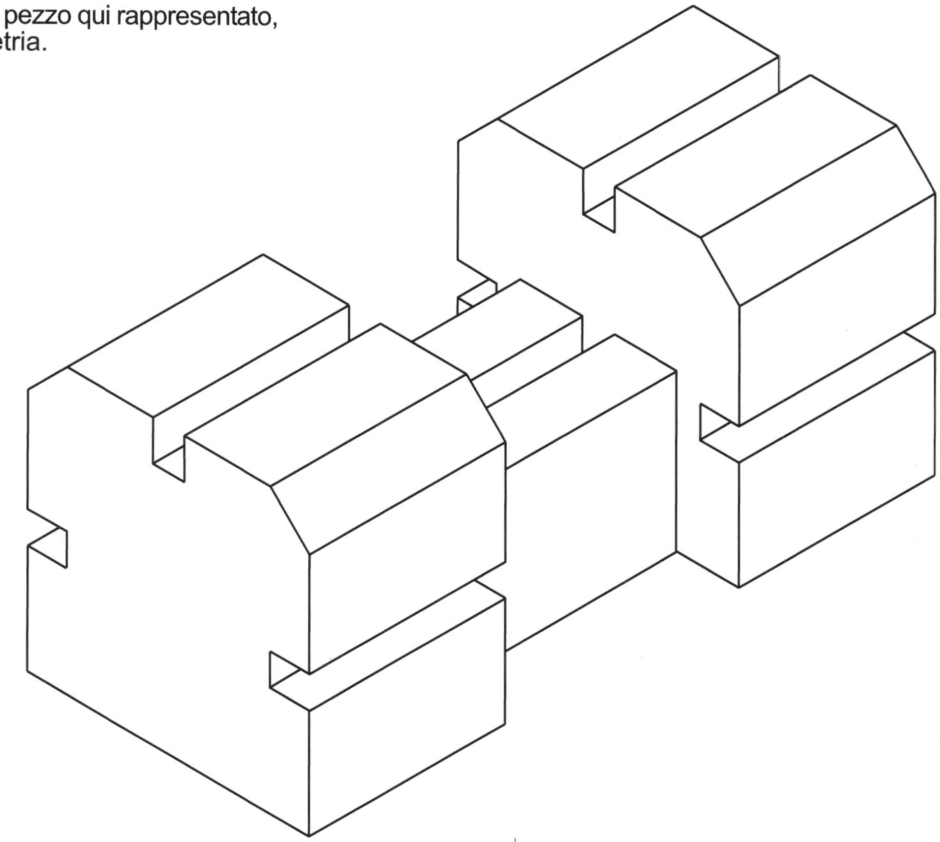

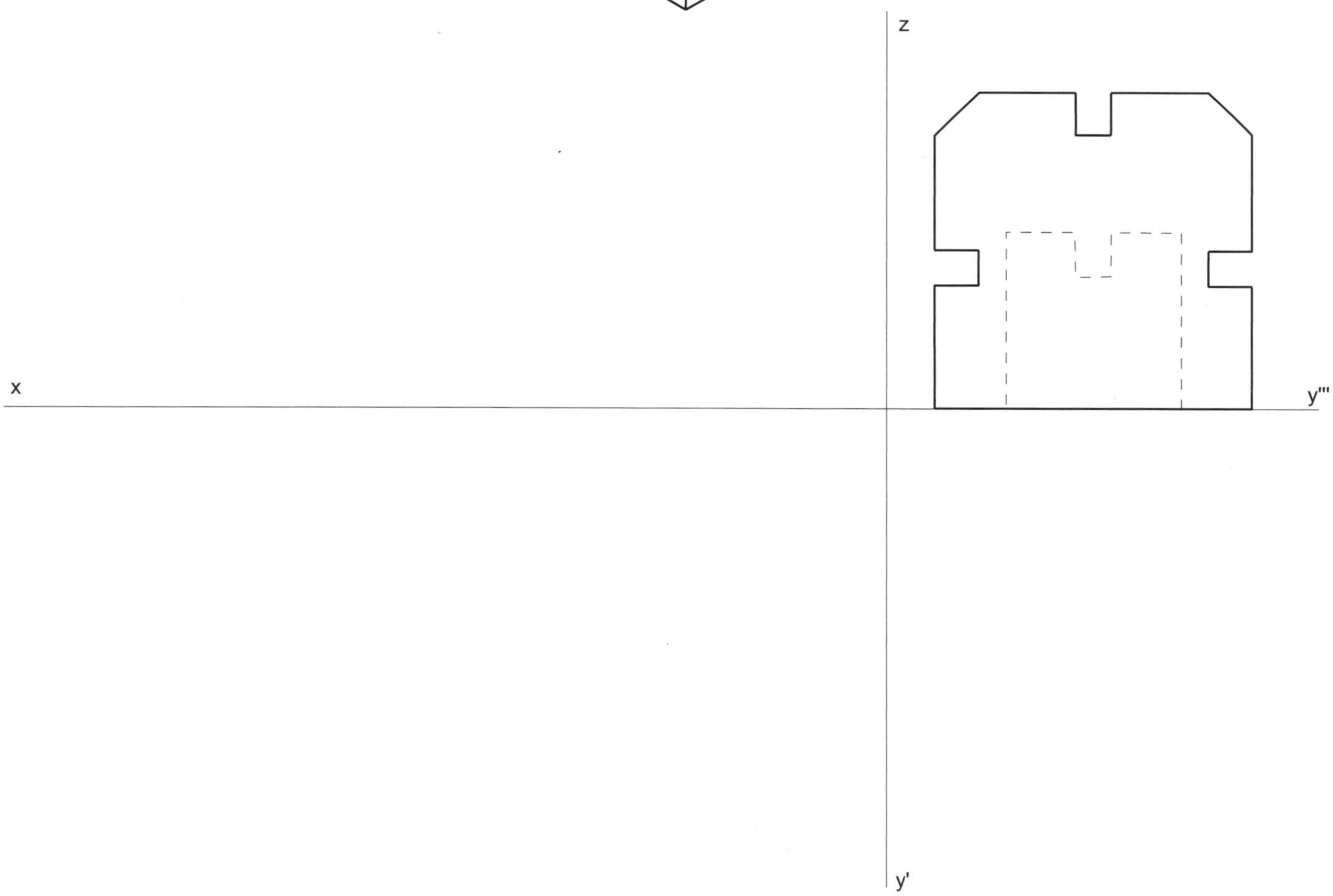

PROIEZIONI ORTOGONALI	Scuola	Classe	Data
	Allievo	Scala	11

Raddoppiando le misure che ricavi dalla rappresentazione tridimensionale, disegna il trono in proiezioni ortogonali.

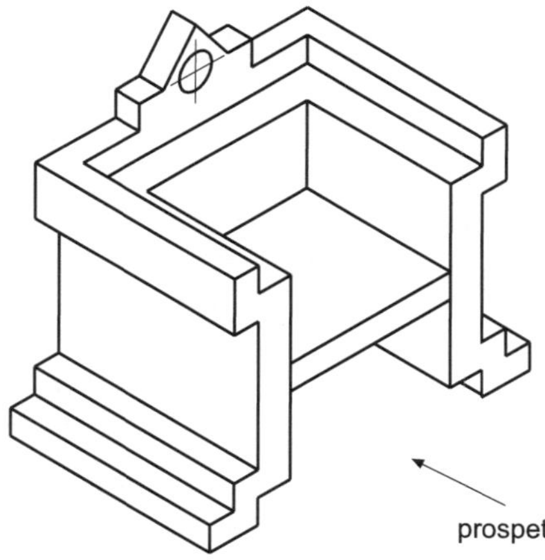

z

x

y'''

y'

PROIEZIONI ORTOGONALI	Scuola	Classe	Data
	Allievo	Scala	12

Completa sul P.L. la proiezione dei solidi rappresentati in pianta e prospetto frontale.

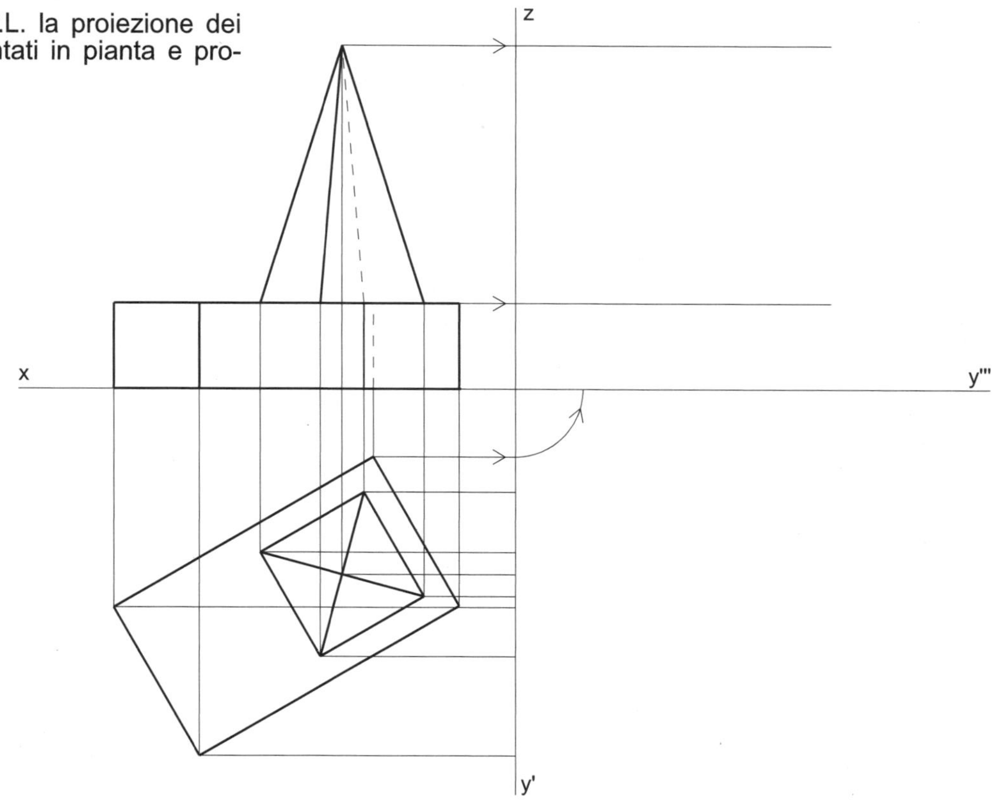

Completa sul P.V. la proiezione dei solidi rappresentati in pianta e prospetto laterale.

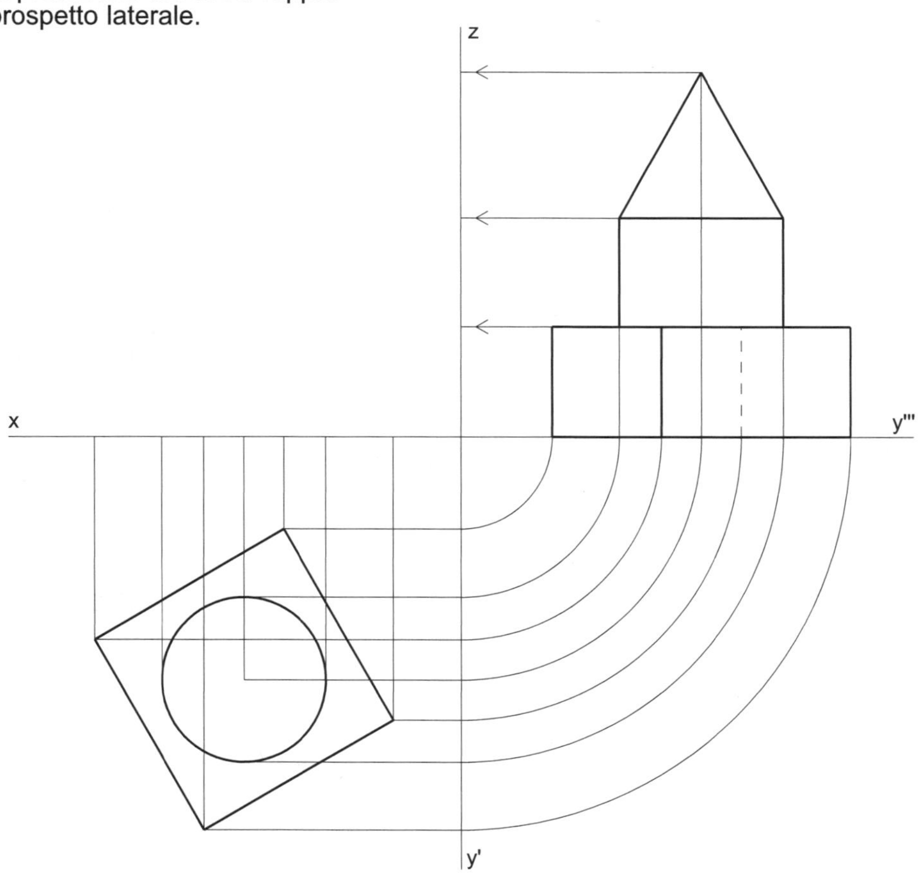

PROIEZIONI ORTOGONALI	Scuola	Classe	Data
	Allievo	Scala	13

Completa sul P.L. la proiezione della scala.

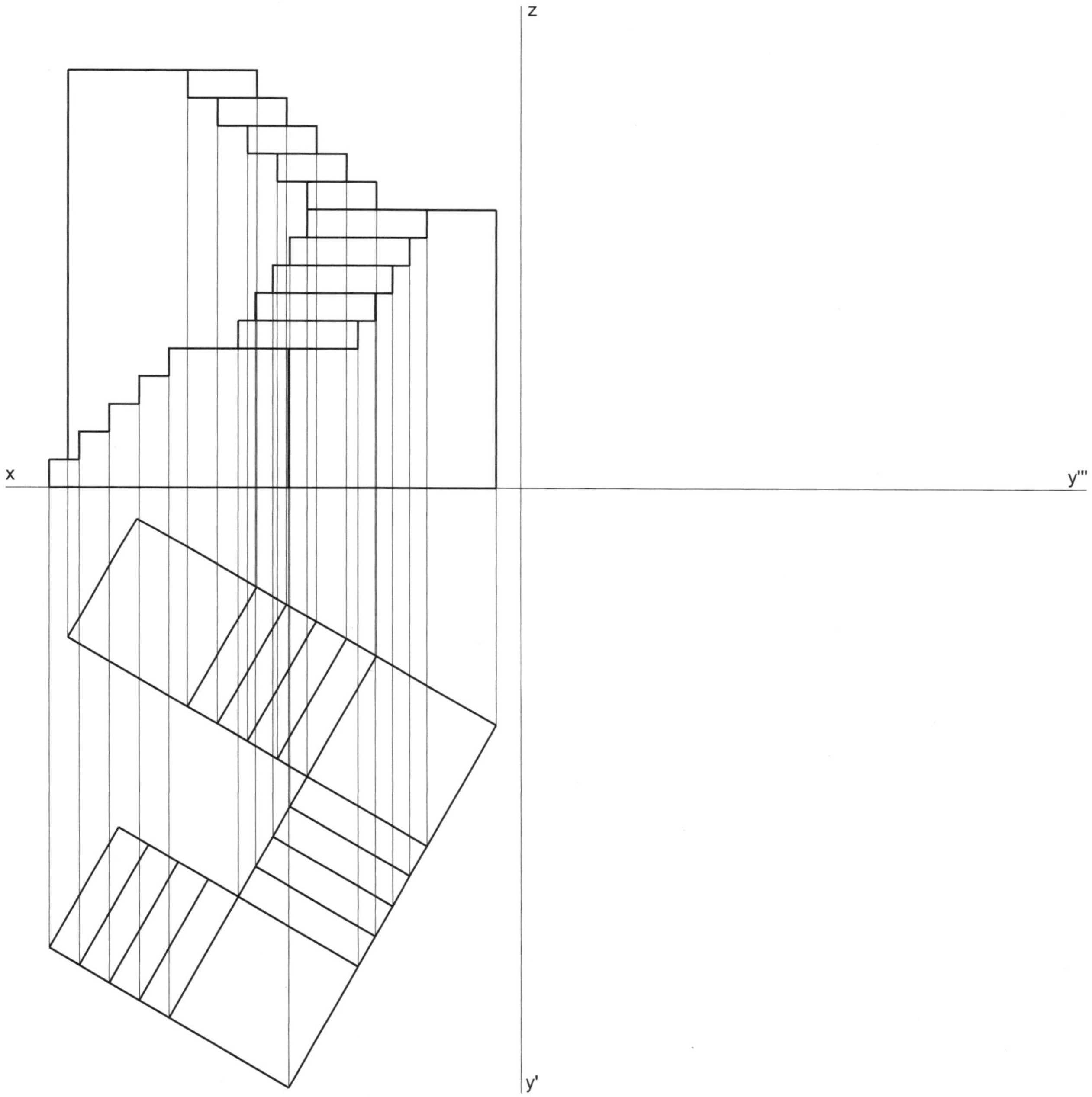

PROIEZIONI ORTOGONALI	Scuola	Classe	Data
	Allievo	Scala	14

Completa sul P.L. la proiezione della chiesa.

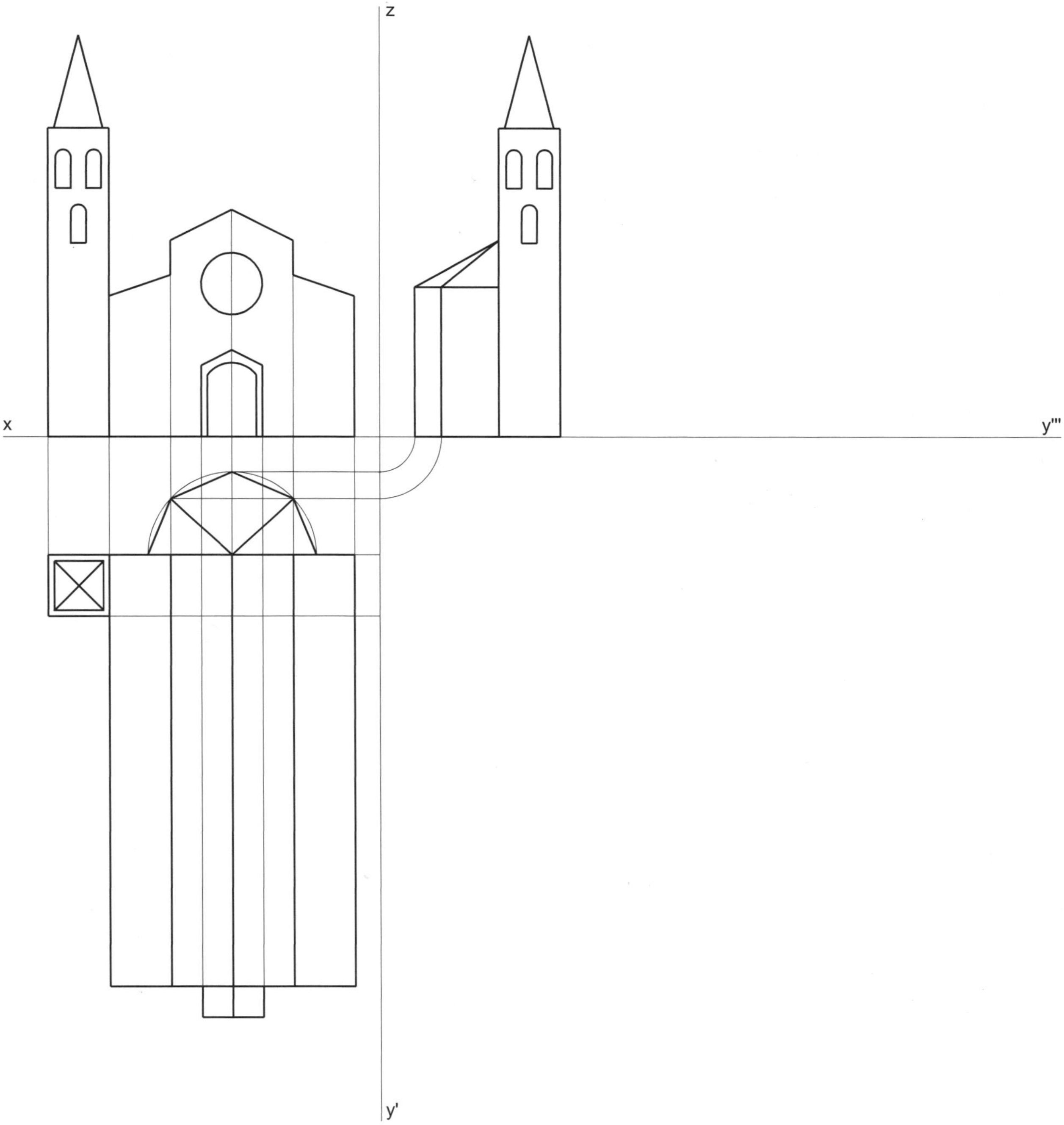

PROIEZIONI ORTOGONALI	Scuola	Classe	Data
	Allievo	Scala	15

Disegna le proiezioni ortogonali di un tronco di cono con l'asse parallelo al P.V. e inclinato di 45° rispetto al P.O. *Suggerimento.* Si traccia la base del tronco di cono e almeno quattro diametri in modo da ricavare 8 punti sulla circonferenza che, riportati sulla base del tronco di cono nella proiezione sul P.V., ci consentono di ricavare prima la proiezione sul P.V. e poi quelle sul P.O. e sul P.L.

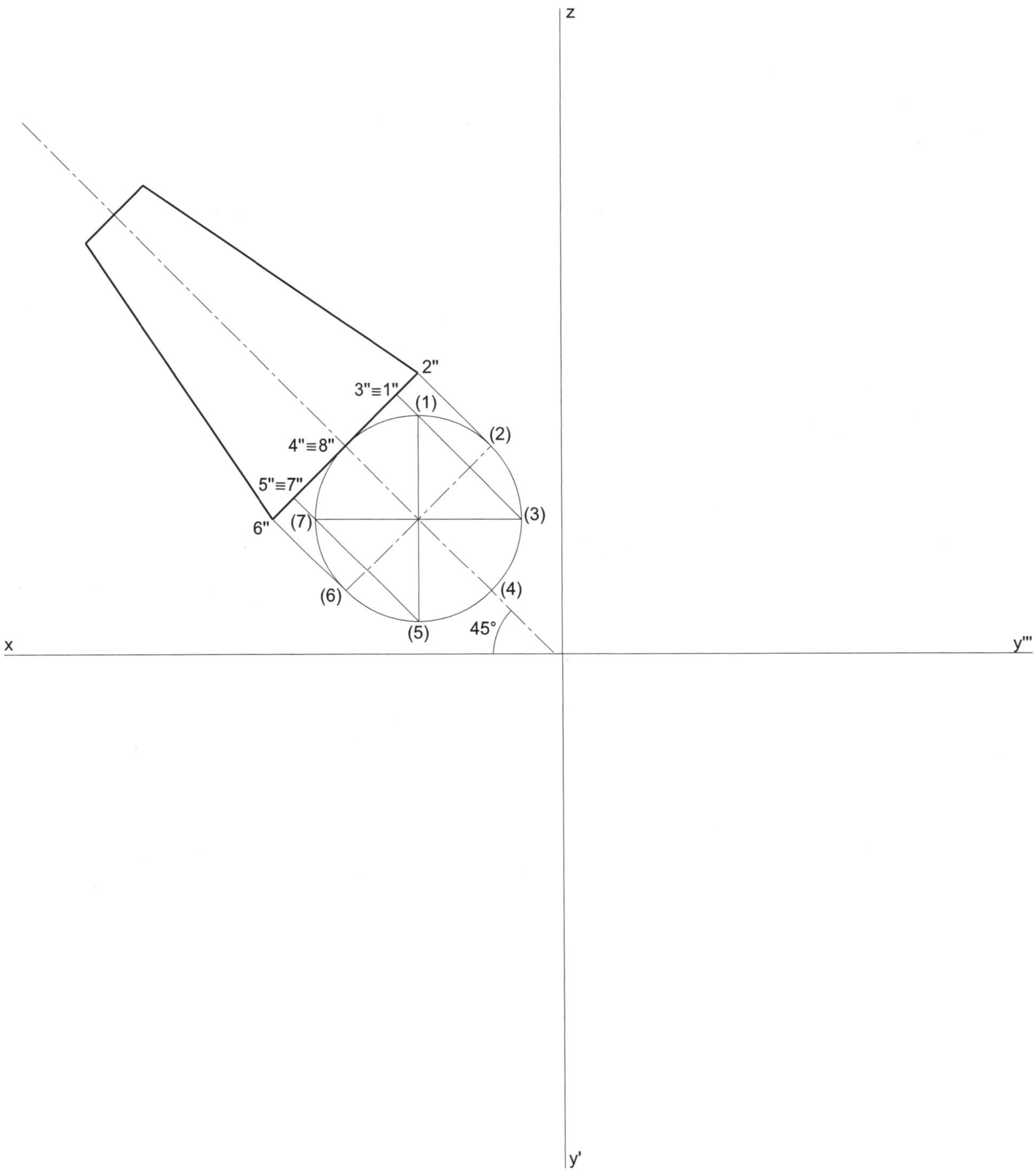

PROIEZIONI ORTOGONALI	Scuola	Classe	Data
	Allievo	Scala	16

Applicando il metodo delle rotazioni successive, completa le proiezioni ortogonali di un solido con l'asse verticale inclinato di 60° rispetto al P.O. e la base inclinata di 45° rispetto al P.V.

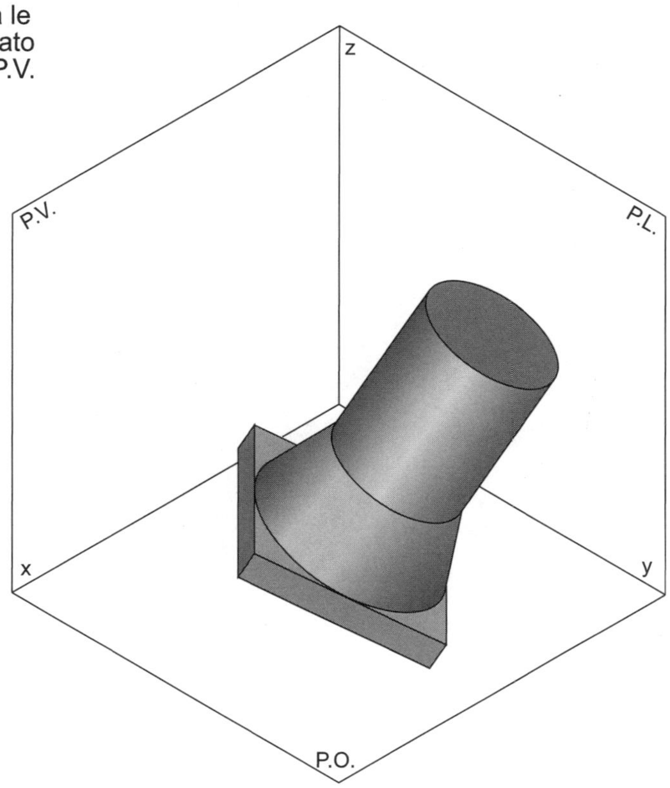

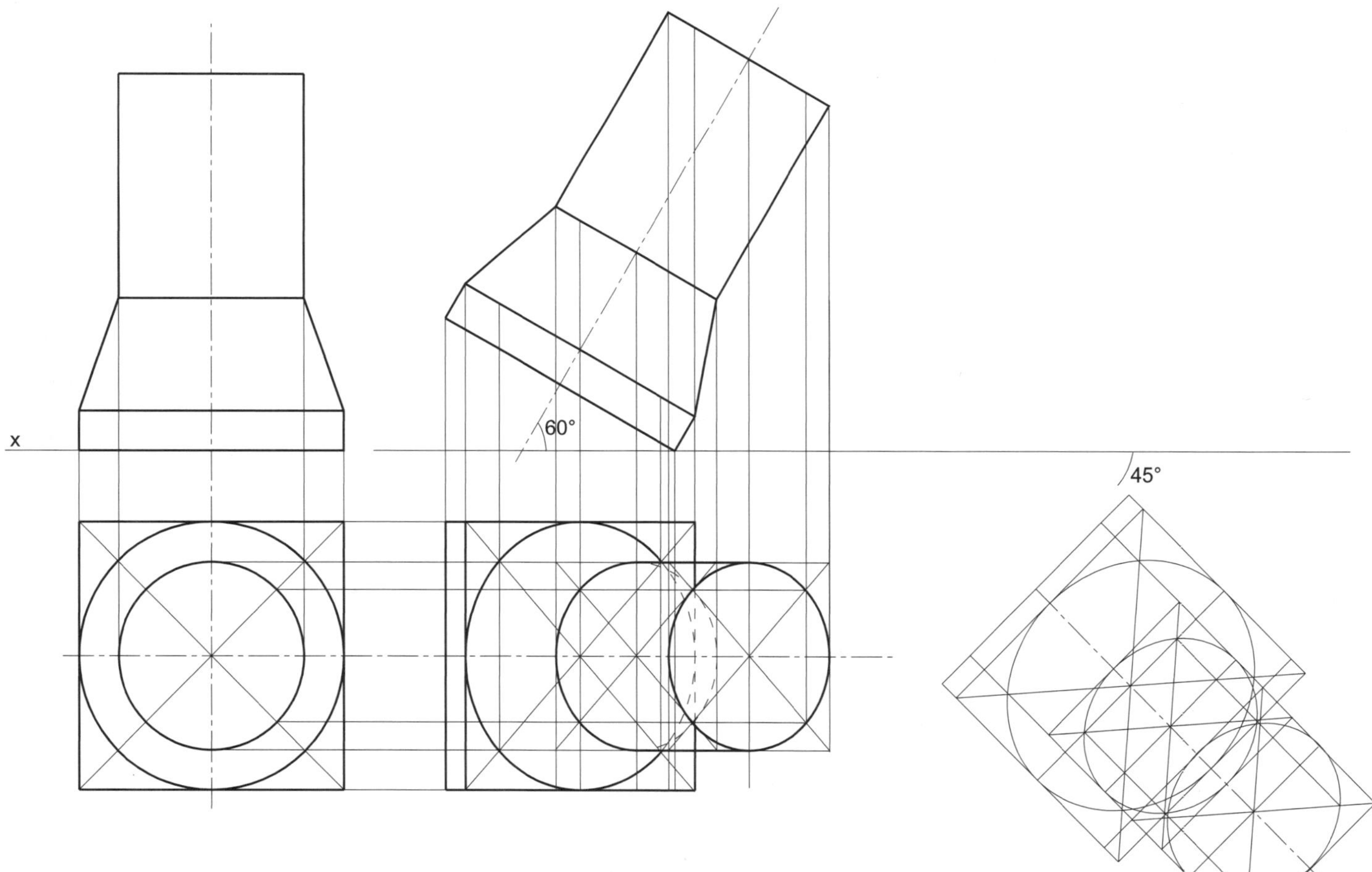

PROIEZIONI ORTOGONALI	Scuola	Classe	Data
	Allievo	Scala	17

Completa sul P.L. le proiezioni dei solidi.

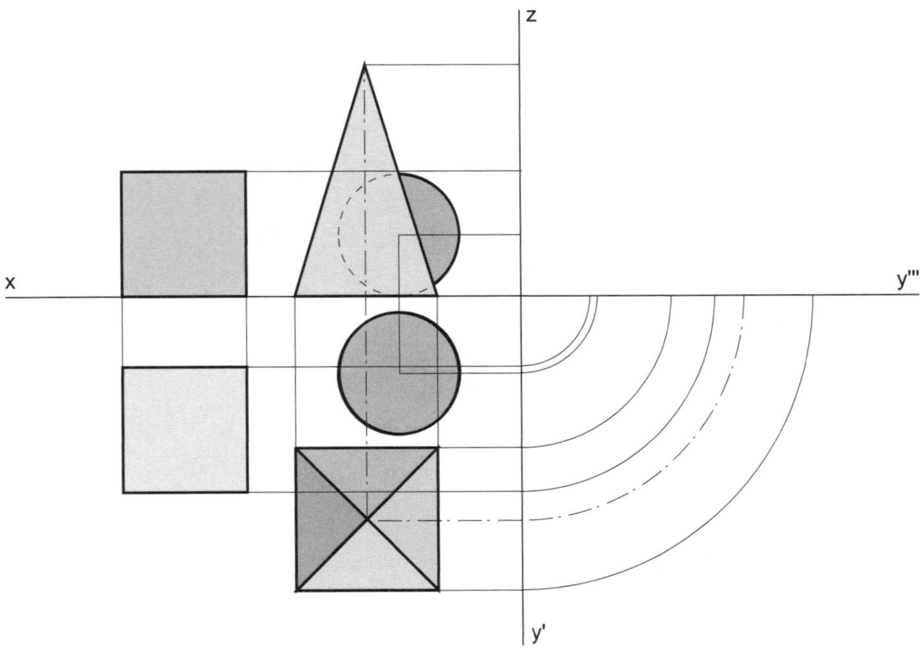

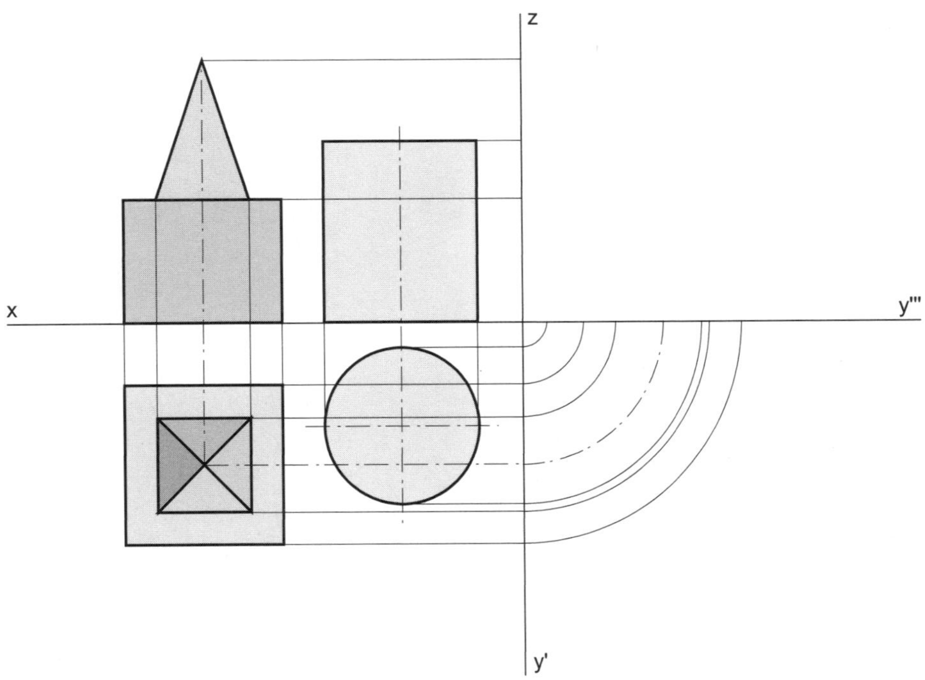

PROIEZIONI ORTOGONALI	Scuola	Classe	Data
	Allievo	Scala	18

Disegna in proiezioni ortogonali il gruppo di solidi rappresentato in figura.
Si forniscono le dimensioni in proporzione dei vari pezzi.

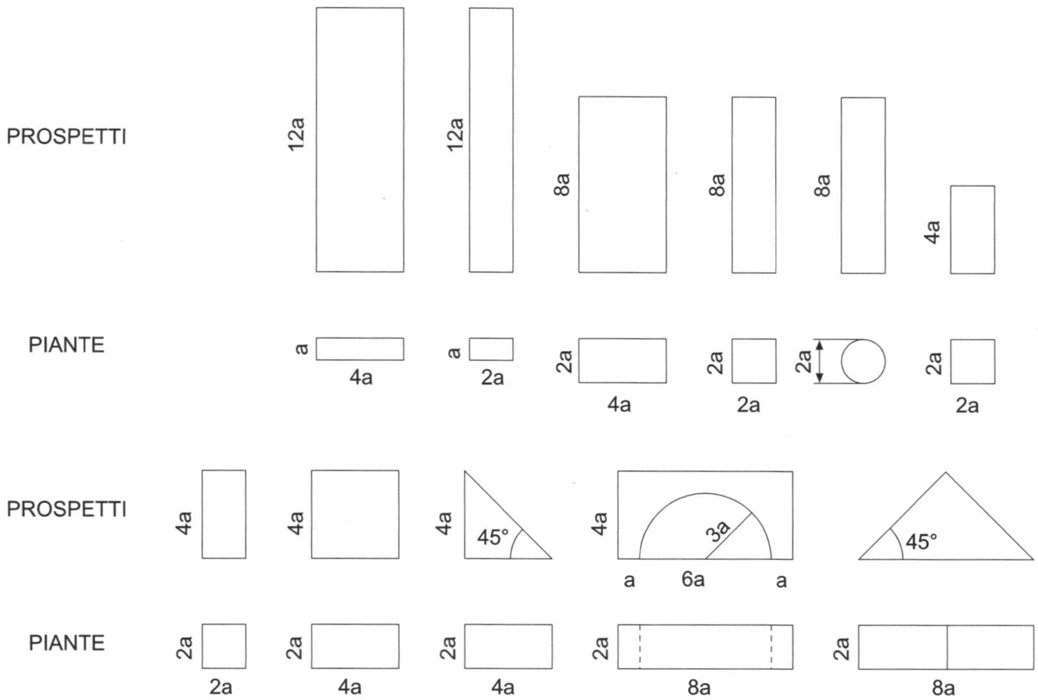

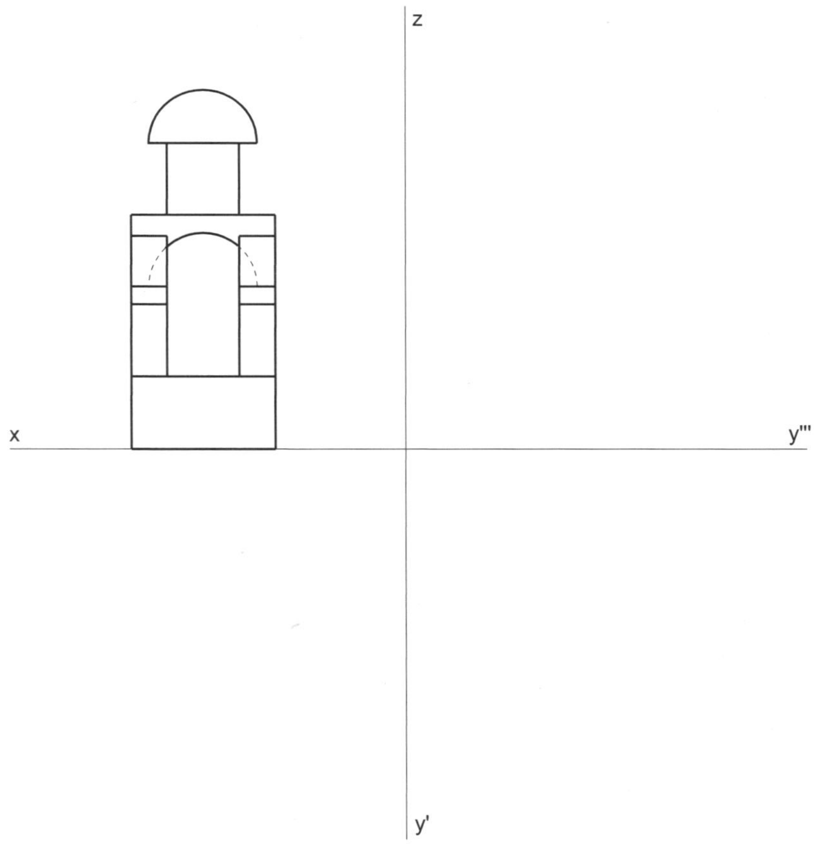

PROIEZIONI ORTOGONALI	Scuola	Classe	Data
	Allievo	Scala	19

Disegna in proiezioni ortogonali il gruppo di solidi rappresentato in figura.
Si forniscono le dimensioni in proporzione dei vari pezzi.

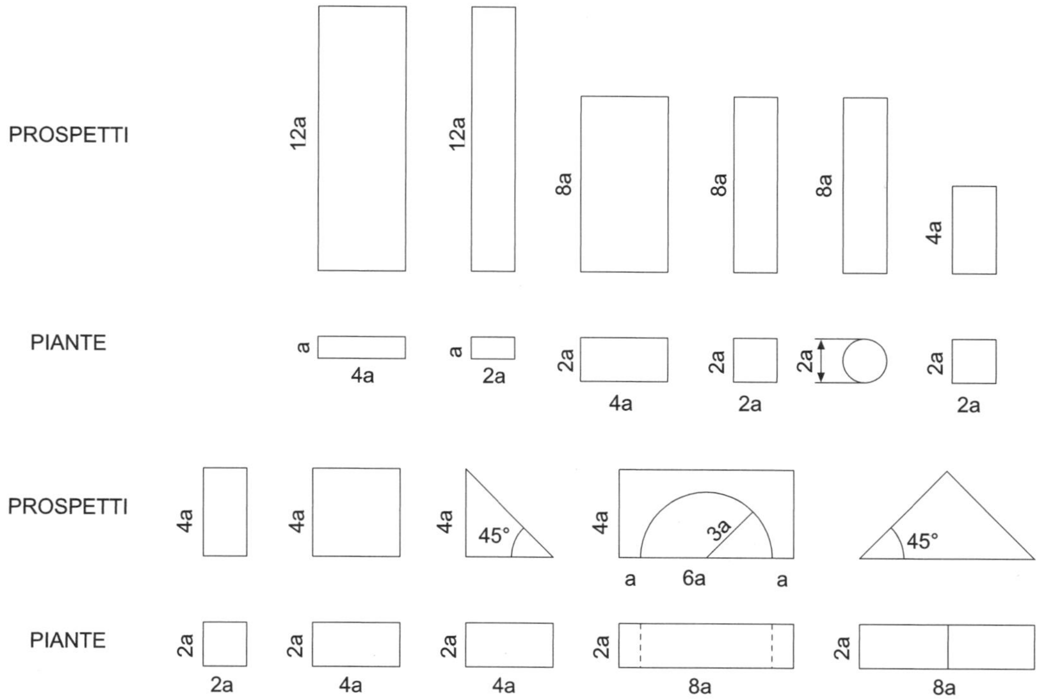

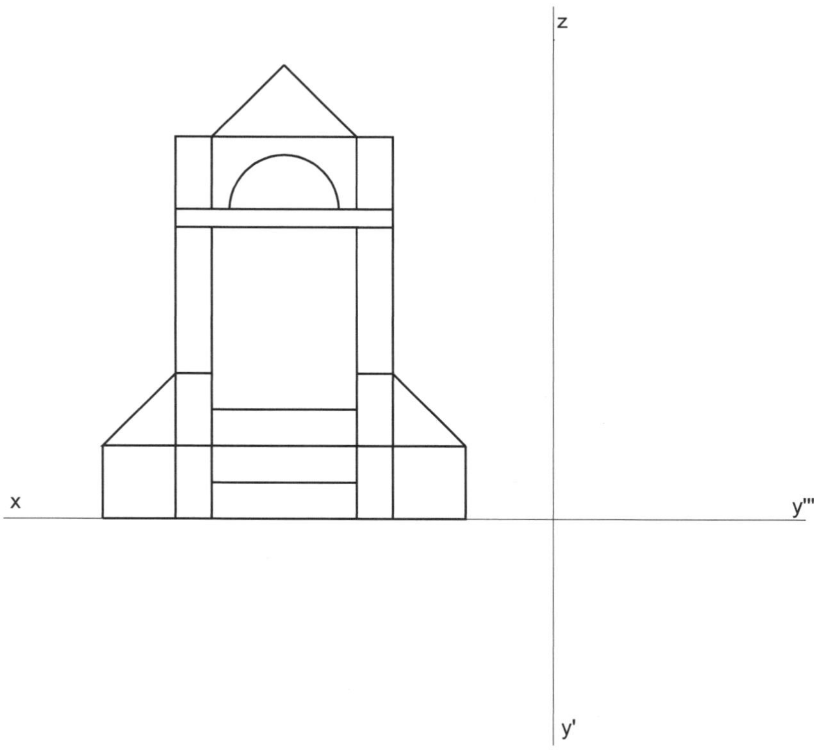

PROIEZIONI ORTOGONALI	Scuola	Classe	Data
	Allievo	Scala	20

Completa le proiezioni ortogonali del solido sezionato
e individua la vera forma della sezione.

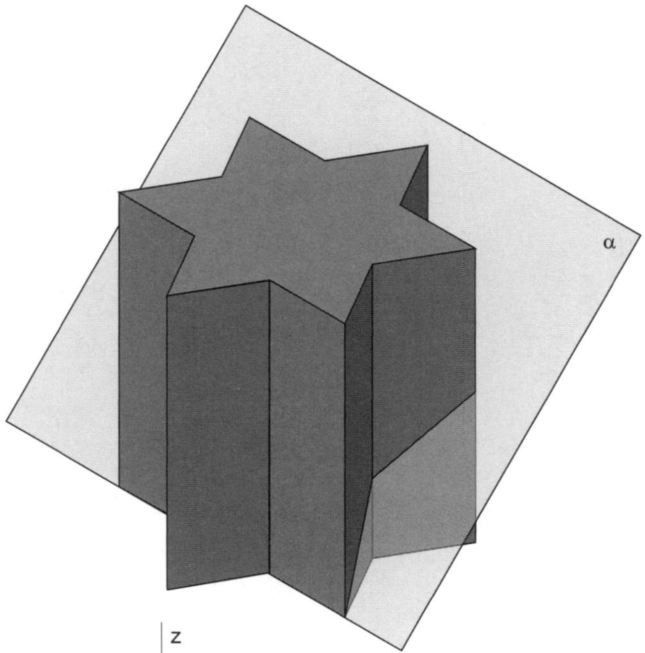

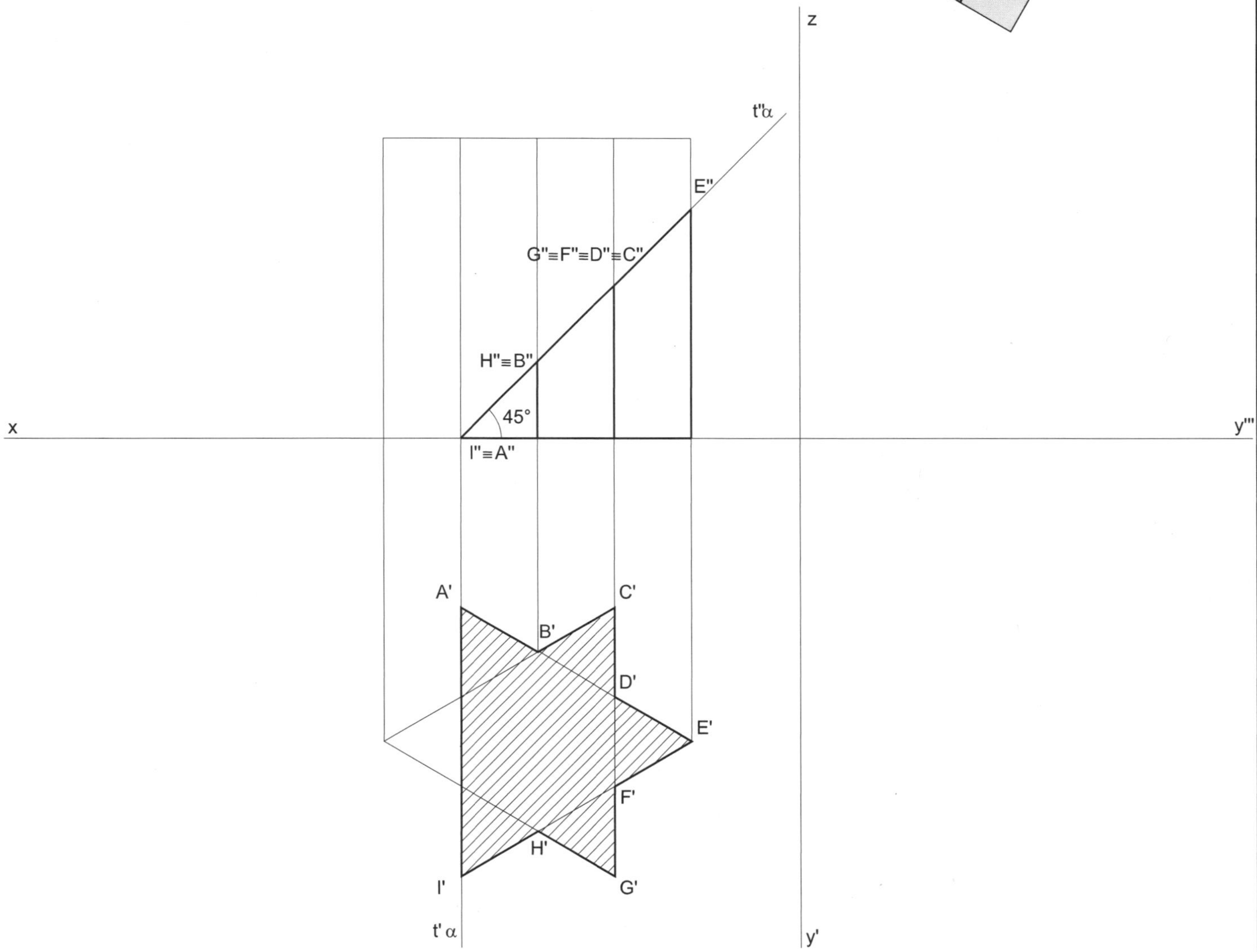

SEZIONI	Scuola	Classe	Data
	Allievo	Scala	21

Completa le proiezioni ortogonali del solido sezionato e individua la vera forma della sezione.

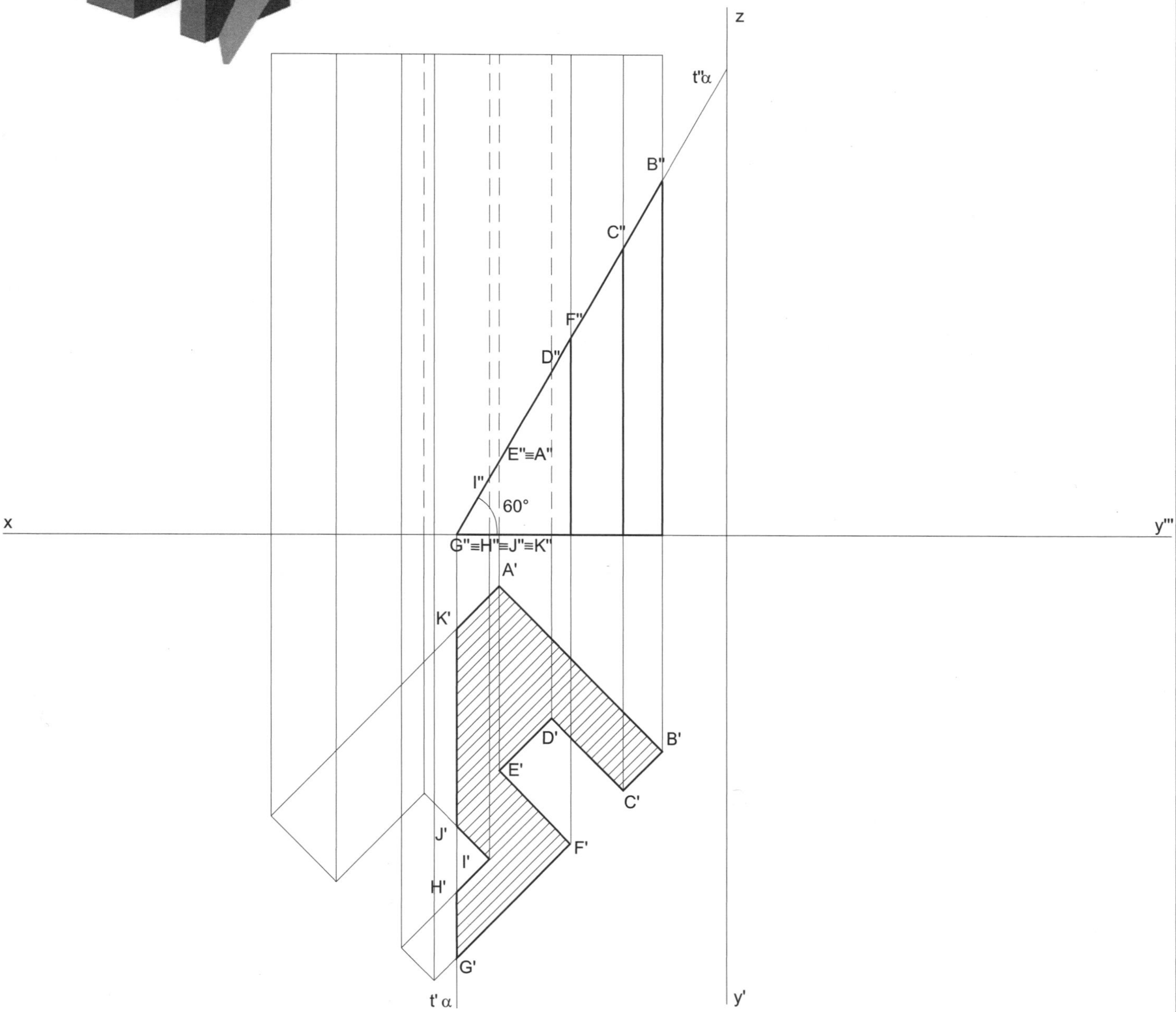

SEZIONI	Scuola	Classe	Data
	Allievo	Scala	22

Completa le proiezioni ortogonali del solido sezionato e individua la vera forma della sezione.

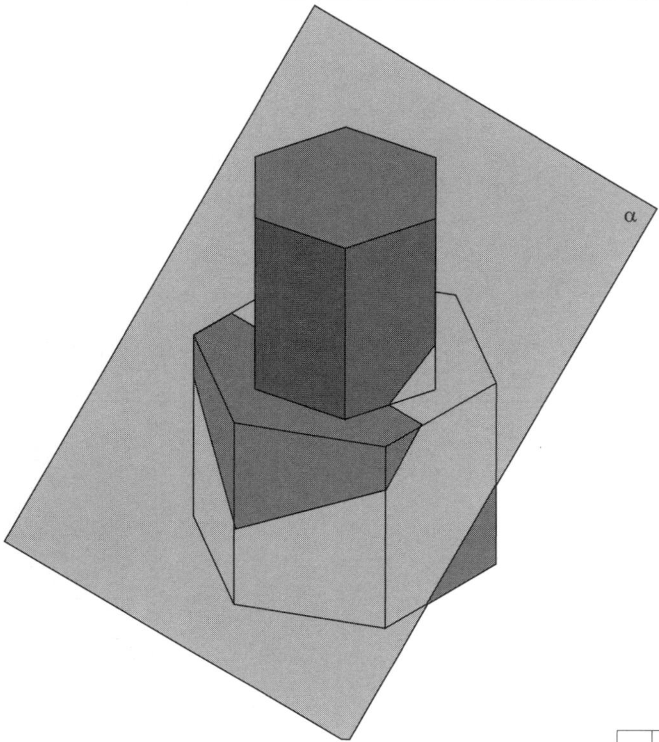

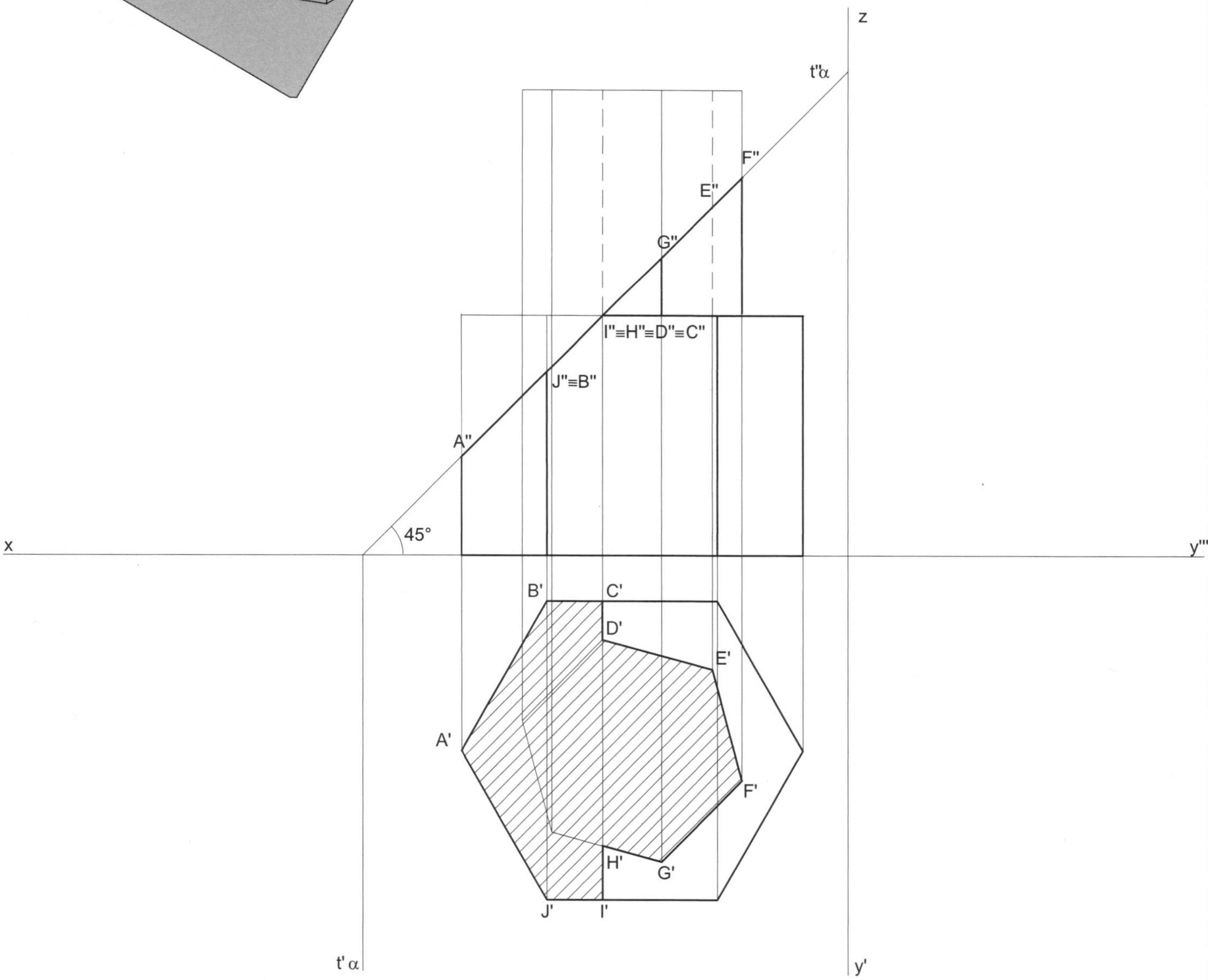

SEZIONI	Scuola	Classe	Data
	Allievo	Scala	23

Disegna il profilo altimetrico secondo la linea di sezione tracciata, derivante dalla rappresentazione mediante le curve di livello.
A ogni isoipsa corrisponde un dislivello di 20 metri.

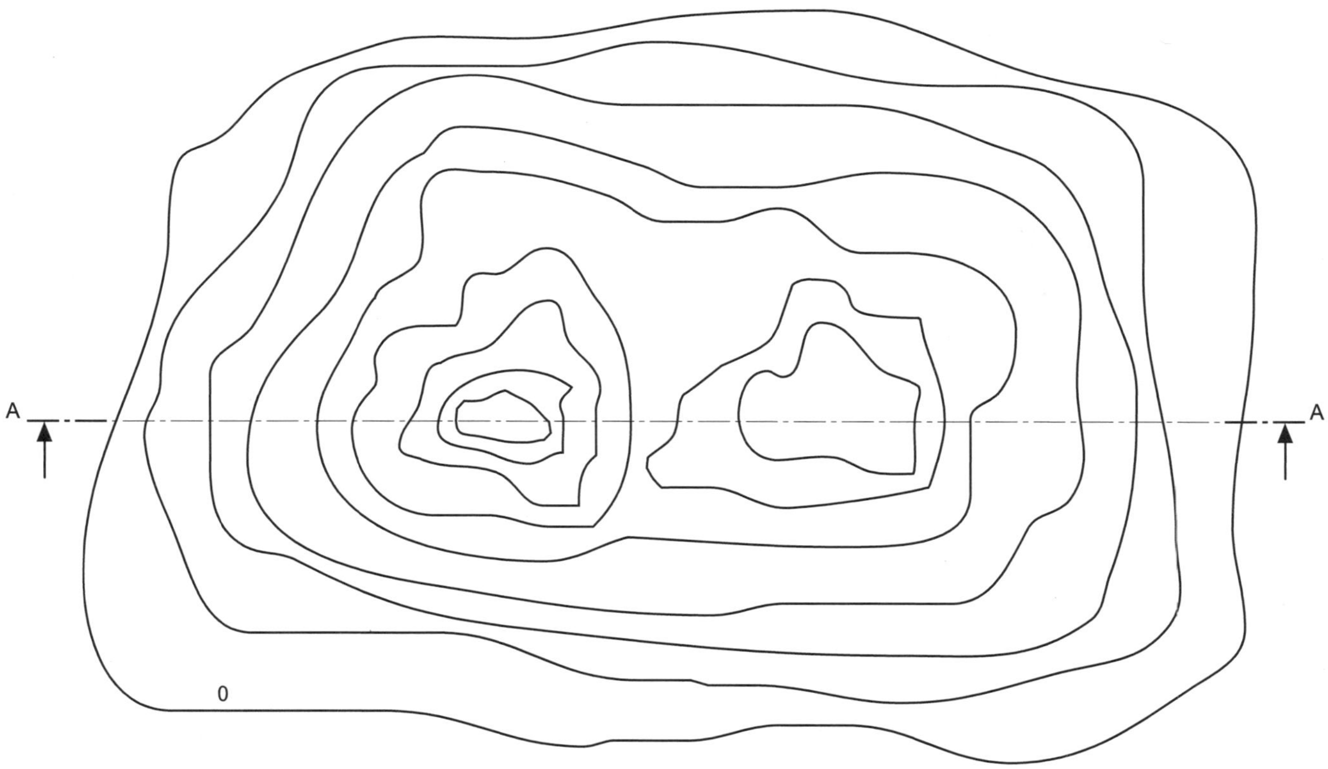

SEZIONI	Scuola	Classe	Data
	Allievo	Scala	24

Completa le proiezioni e individua la compenetrazione dei solidi, usando il sistema delle generatrici del cilindro.

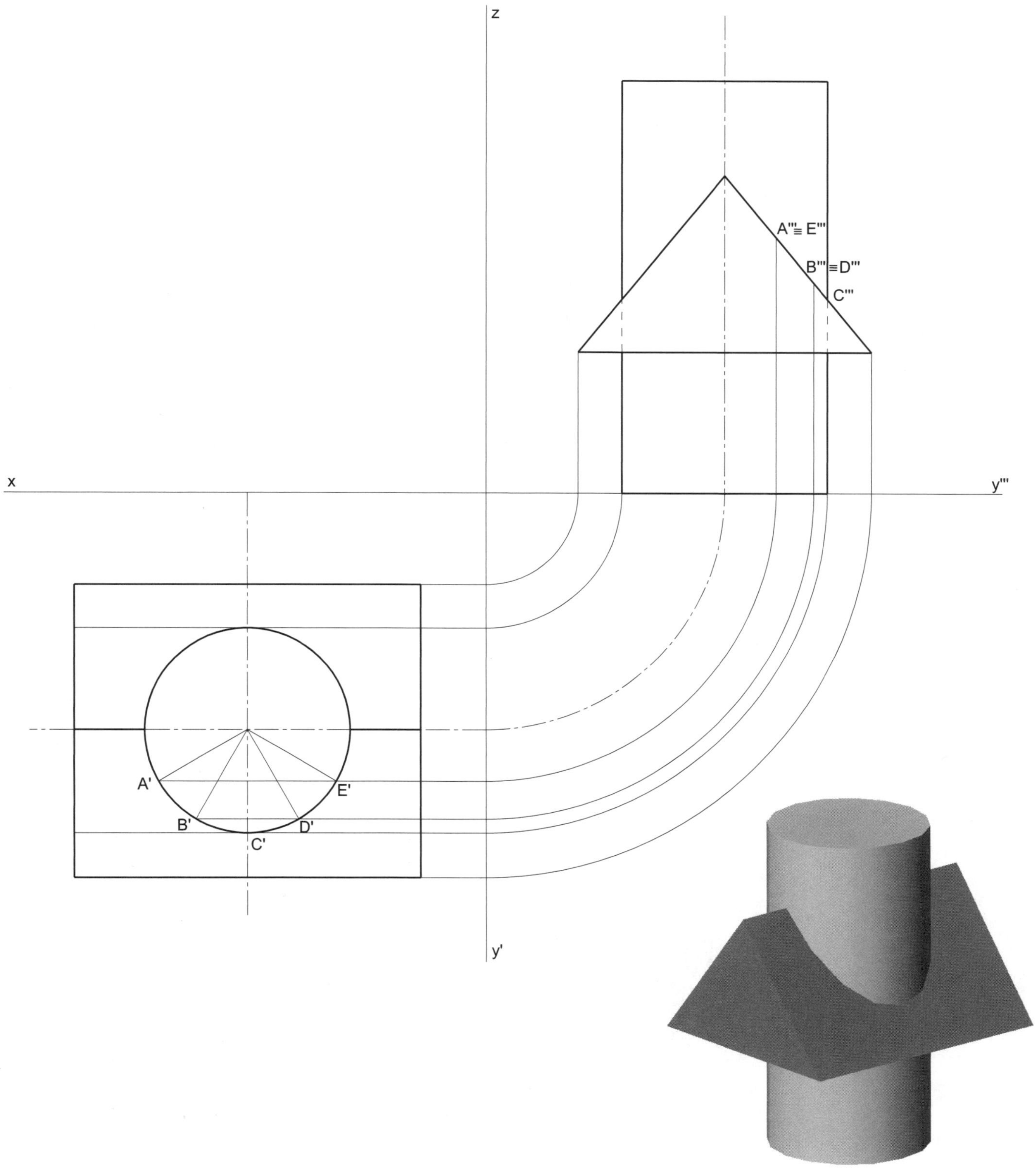

INTERSEZIONI E COMPENETRAZIONI	Scuola	Classe	Data
	Allievo	Scala	25

Completa le proiezioni e individua l'intersezione del semicilindro con la superficie del cono, con il sistema dei piani ausiliari perpendicolari all'asse del cono.

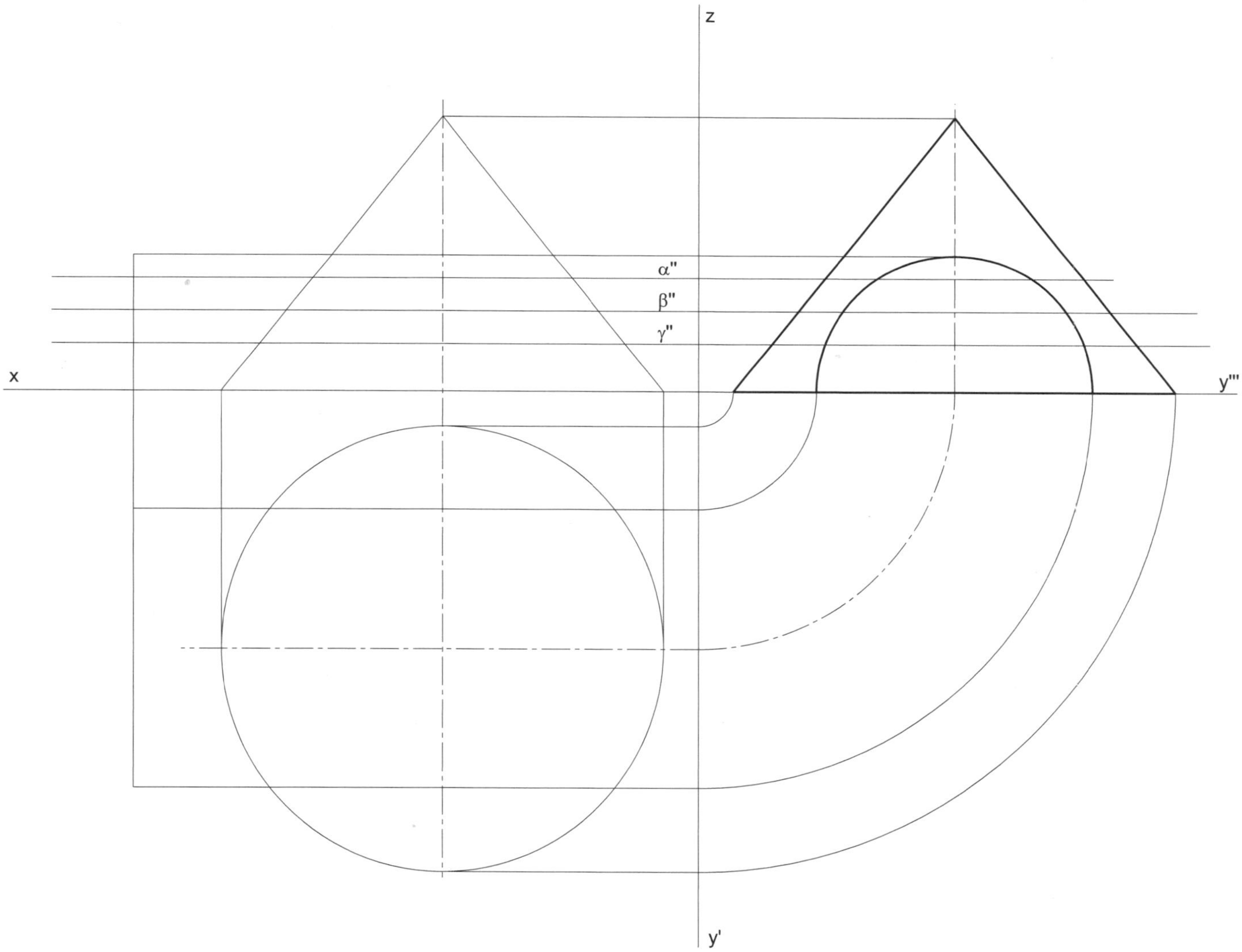

INTERSEZIONI E COMPENETRAZIONI	Scuola	Classe	Data
	Allievo	Scala	26

Completa la compenetrazione tra un prisma pentagonale e uno esagonale, individuando la linea di intersezione.

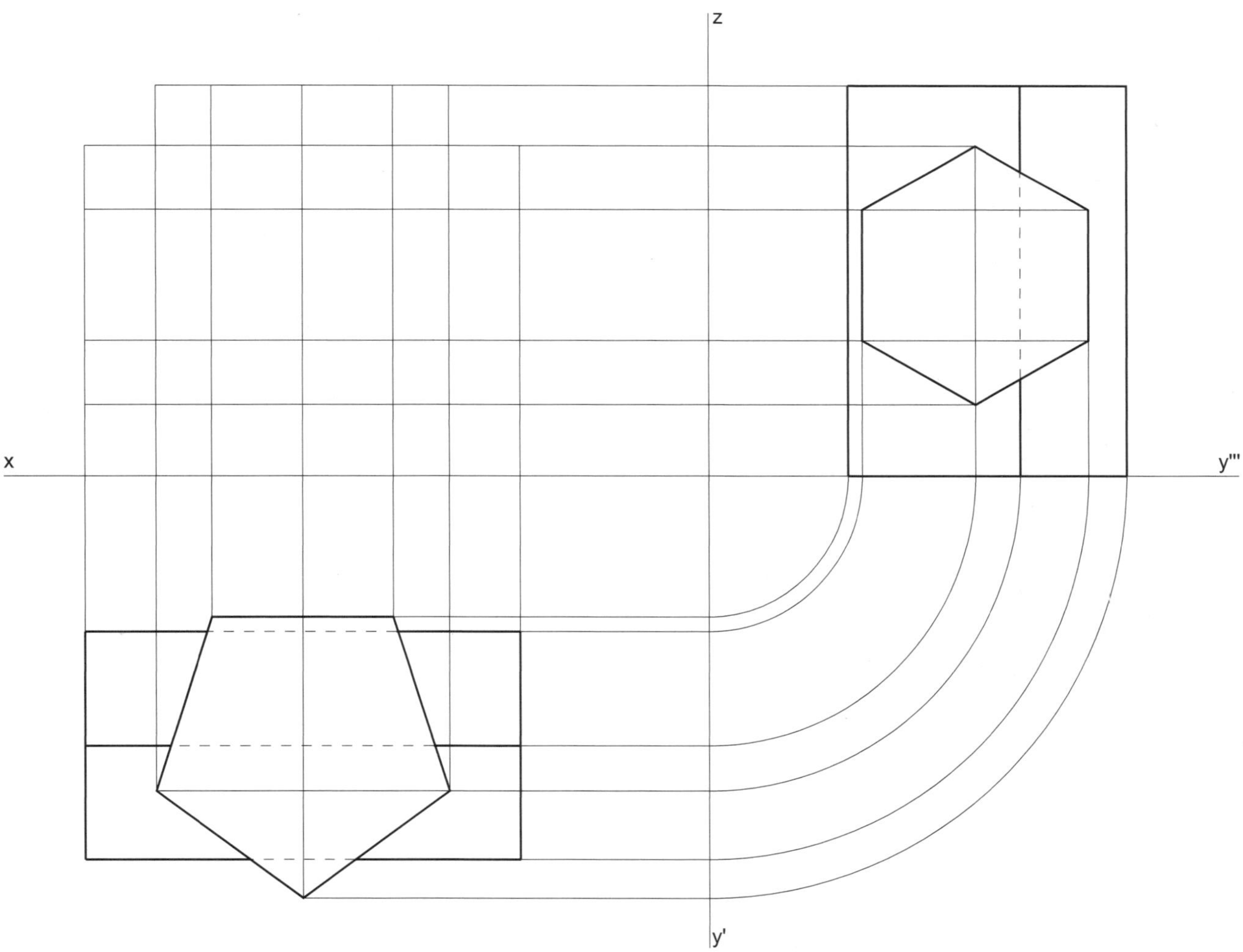

INTERSEZIONI E COMPENETRAZIONI	Scuola	Classe	Data
	Allievo	Scala	27

Compenetrazione tra una piramide a base triangolare e un prisma a base quadrata con assi ortogonali fra loro.

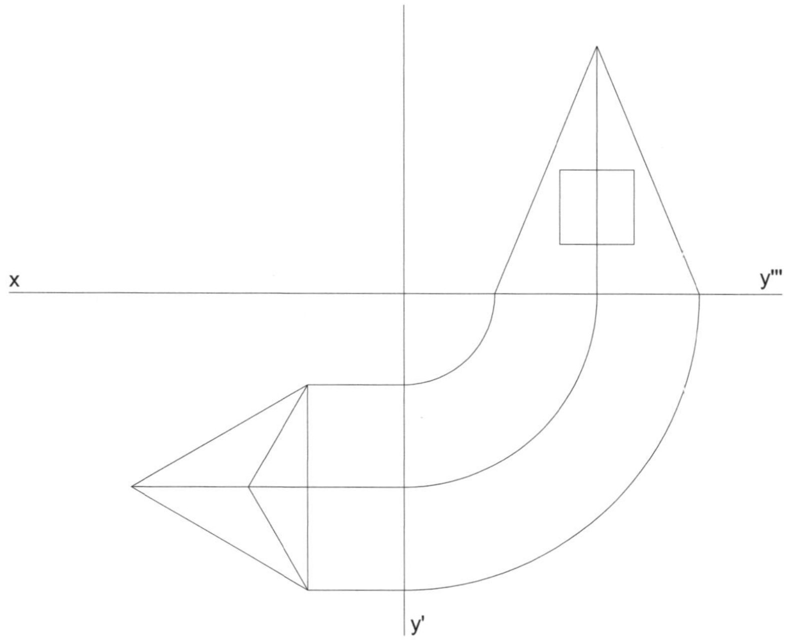

Compenetrazione tra un cilindro e una piramide a base quadrata.
Per determinare la linea di intersezione poi utilizzare sia il metodo delle generatrici sia il metodo dei piani secanti ausiliari.

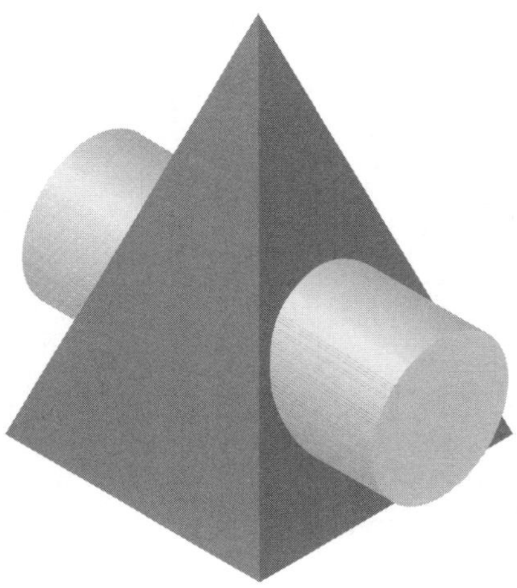

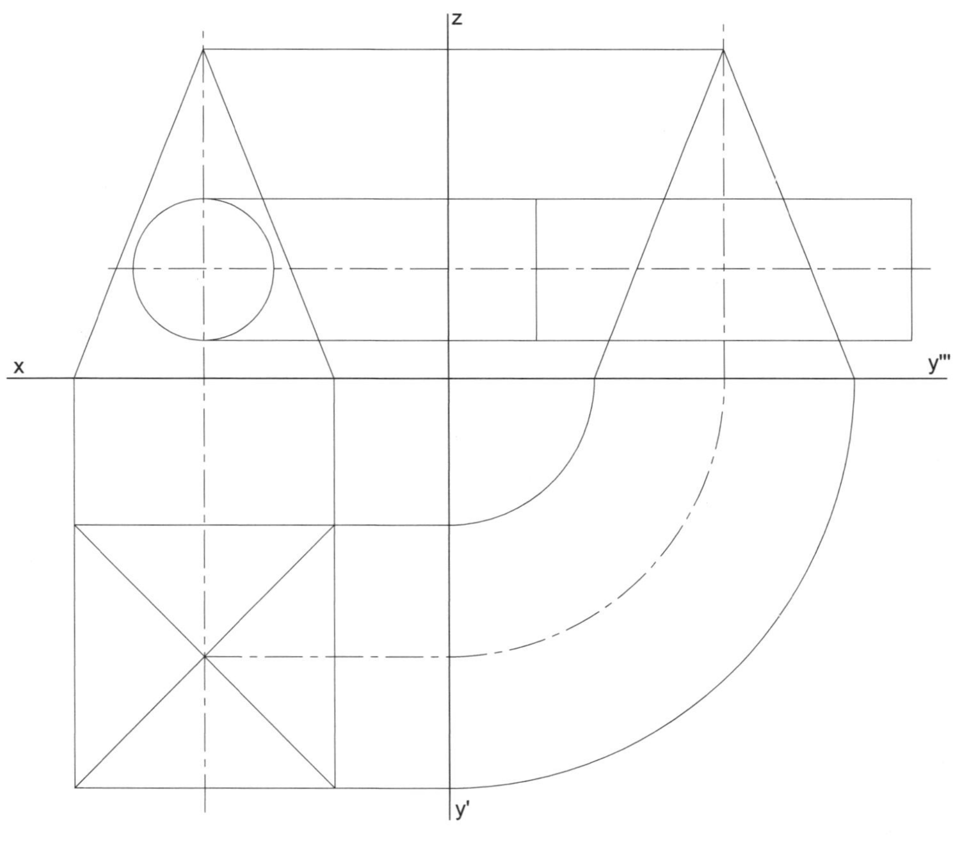

INTERSEZIONI E COMPENETRAZIONI	Scuola	Classe	Data
	Allievo	Scala	28

Disegna lo sviluppo del tronco di piramide con le due basi esagonali.
Disegna anche le linguette utili per la sua realizzazione.

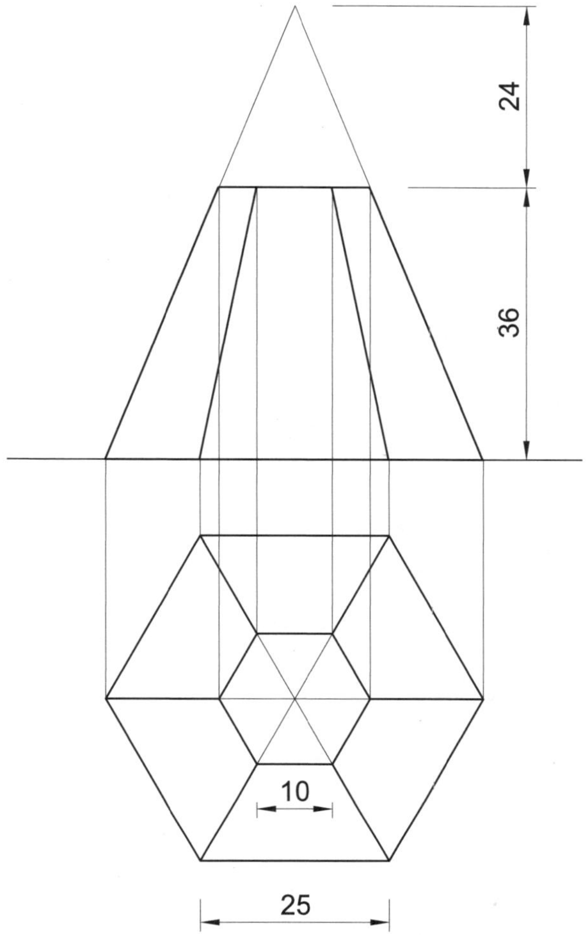

SVILUPPO DEI SOLIDI	Scuola	Classe	Data
	Allievo	Scala	29

Disegna in assonometria ortogonale isometrica l'oggetto rappresentato in proiezioni ortogonali. La figura a lato ti fa capire come iniziare.

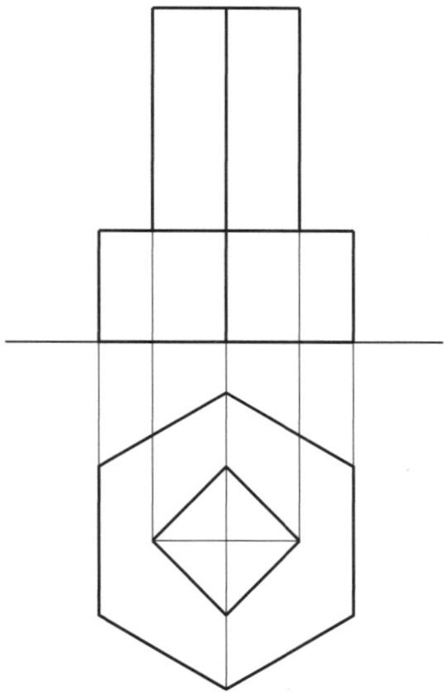

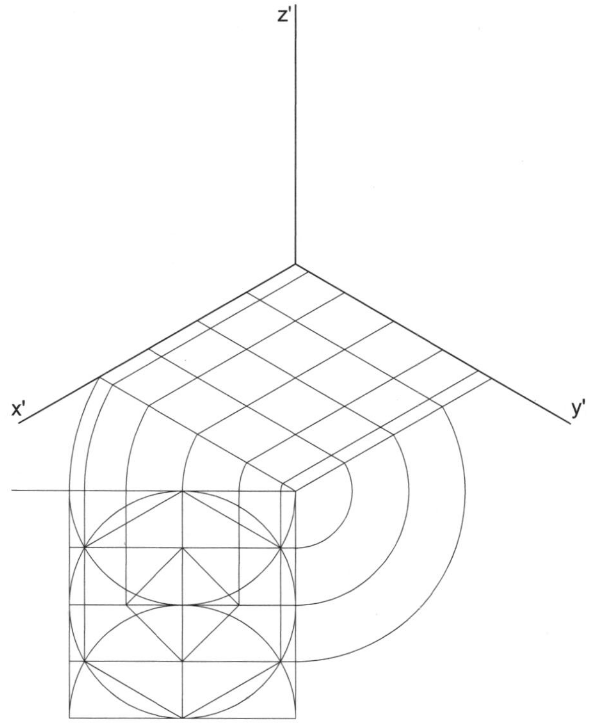

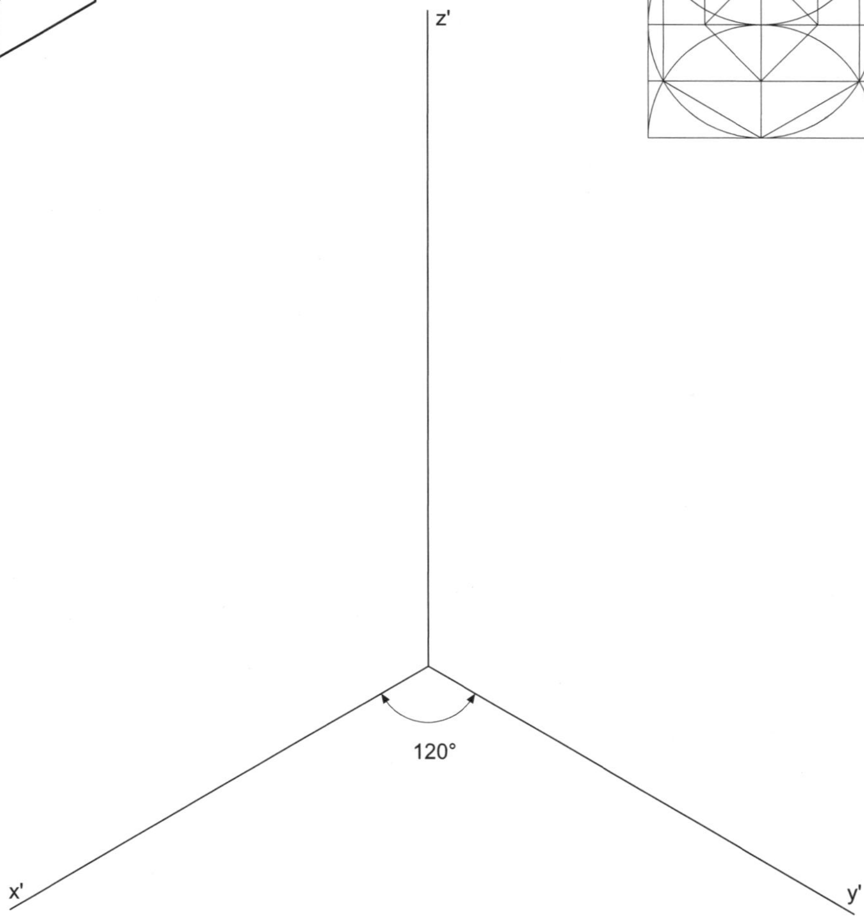

ASSONOMETRIA	Scuola	Classe	Data
	Allievo	Scala	30

Disegna in assonometria cavaliera l'oggetto rappresentato in proiezioni ortogonali.

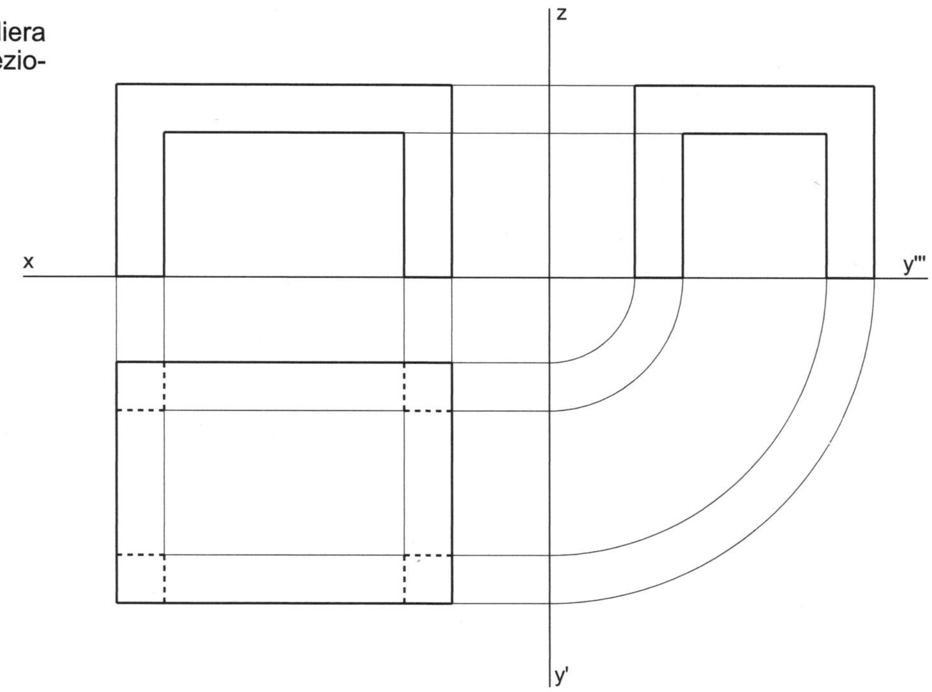

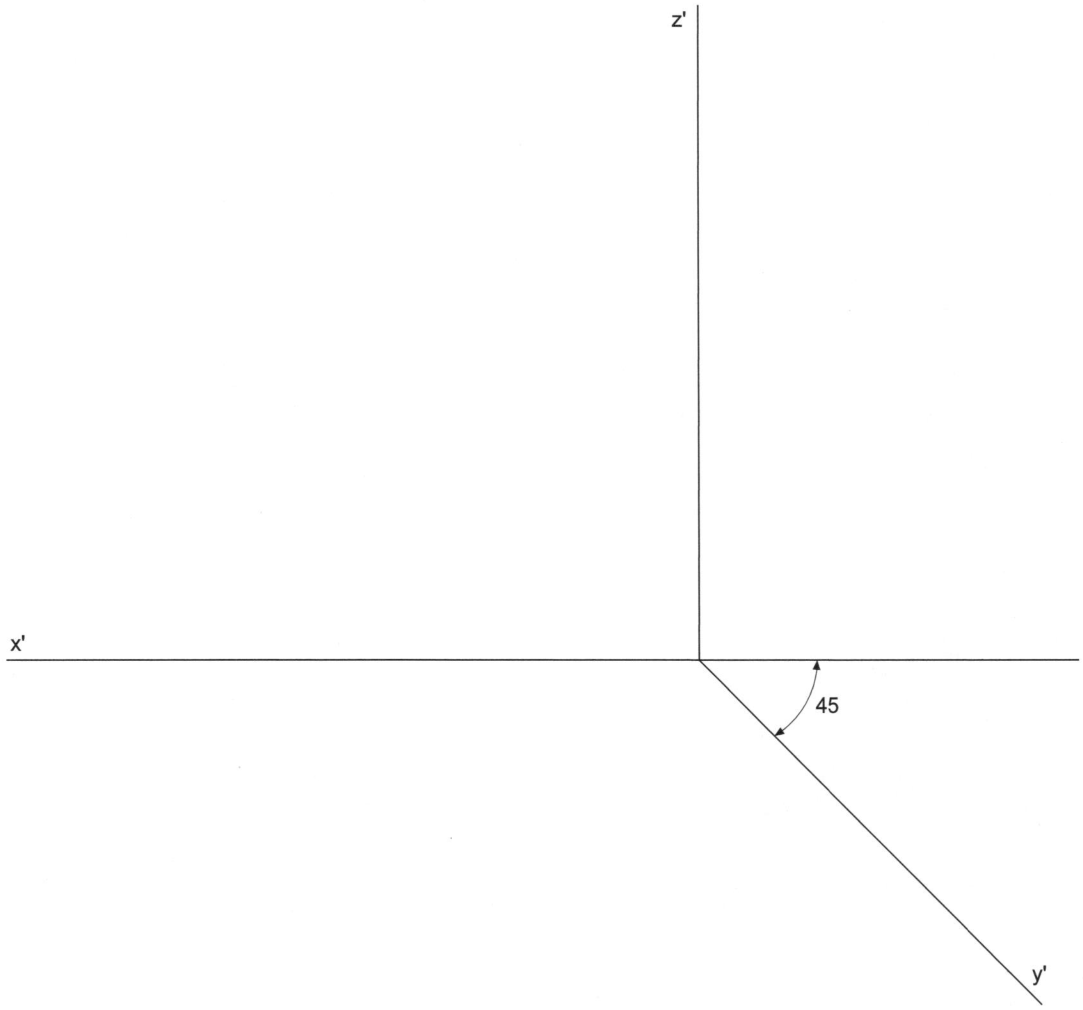

ASSONOMETRIA	Scuola	Classe	Data
	Allievo	Scala	31

Disegna in assonometria planometrica l'edificio rappresentato in proiezioni ortogonali, raddoppiando le misure.

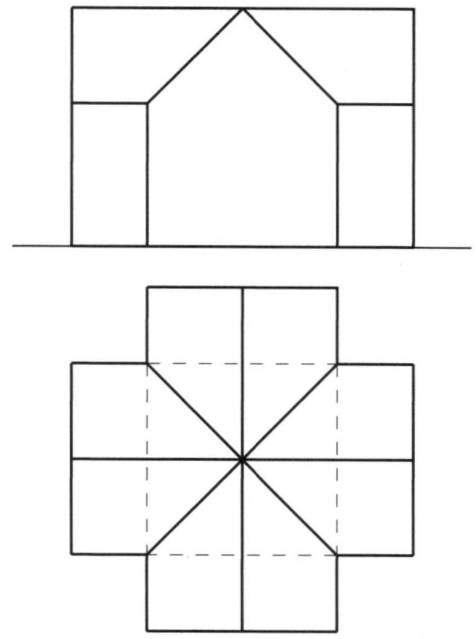

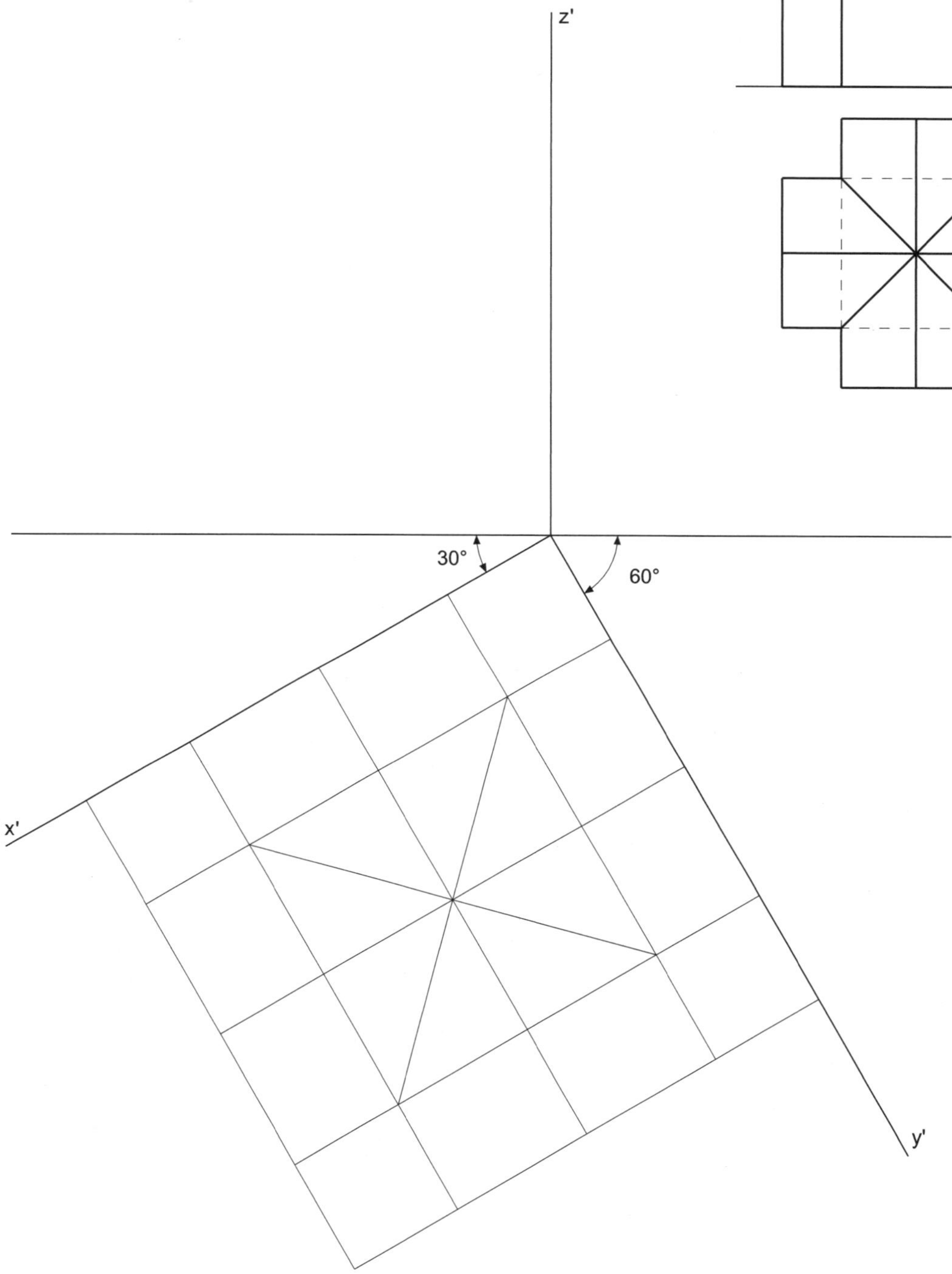

ASSONOMETRIA	Scuola	Classe	Data
	Allievo	Scala	32

Disegna in assonometria planometrica la serie di oggetti sovrapposti, raddoppiando le dimensioni.

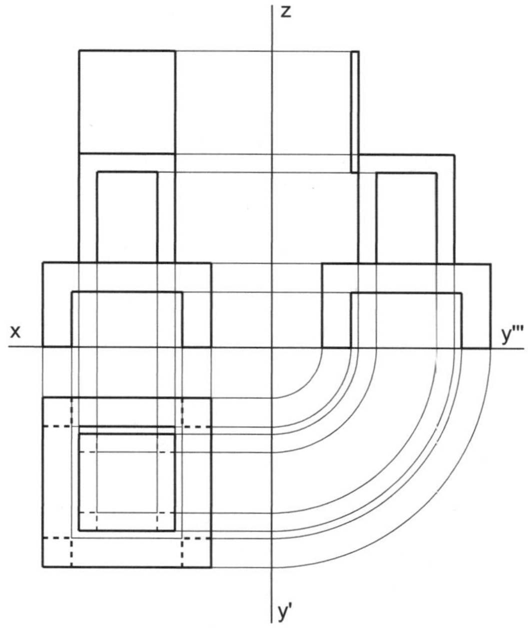

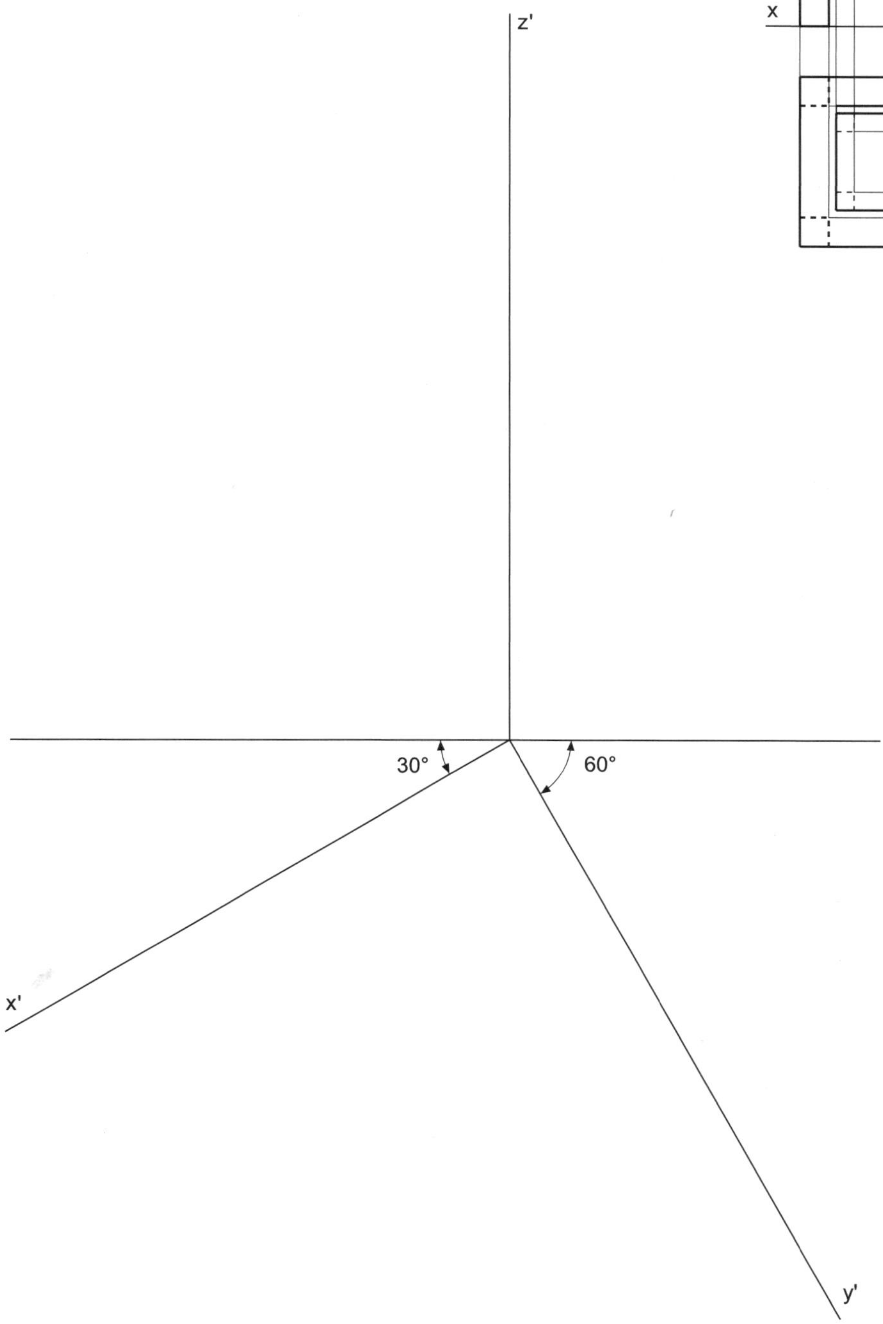

ASSONOMETRIA	Scuola	Classe	Data
	Allievo	Scala	33

Disegna, date le proiezioni ortogonali, la cattedrale in assonometria ortogonale isometrica, raddoppiando le misure.

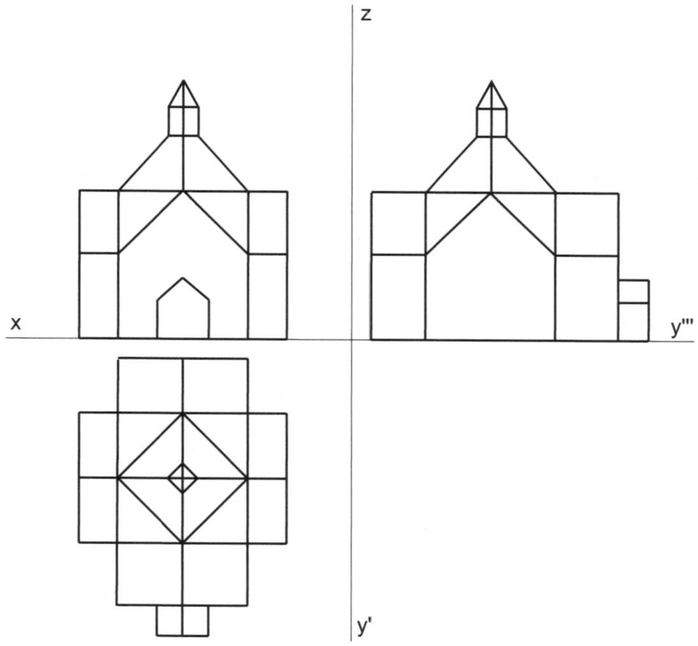

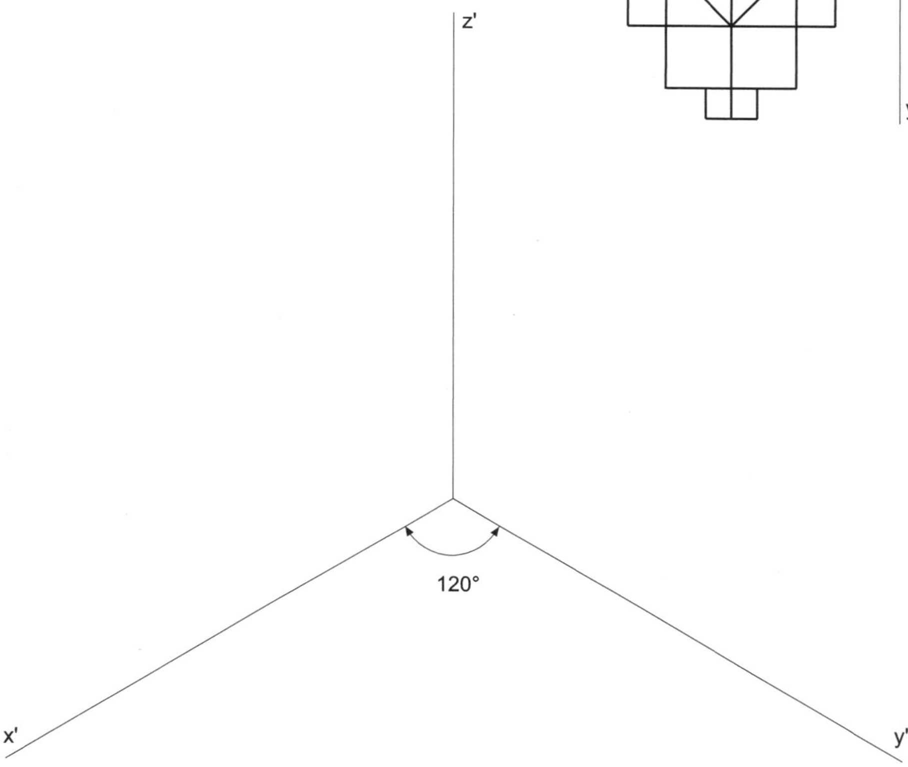

ASSONOMETRIA	Scuola	Classe	Data
	Allievo	Scala	34

Il grattacielo è rappresentato in assonometria planometrica. Disegnalo, mantenendo le stesse misure, in assonometria ortogonale isometrica.

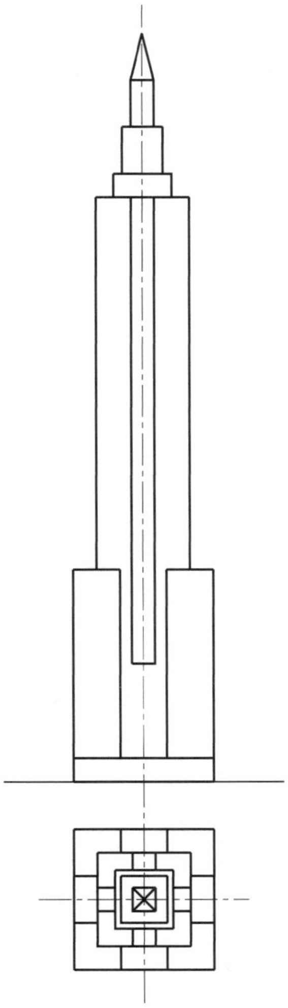

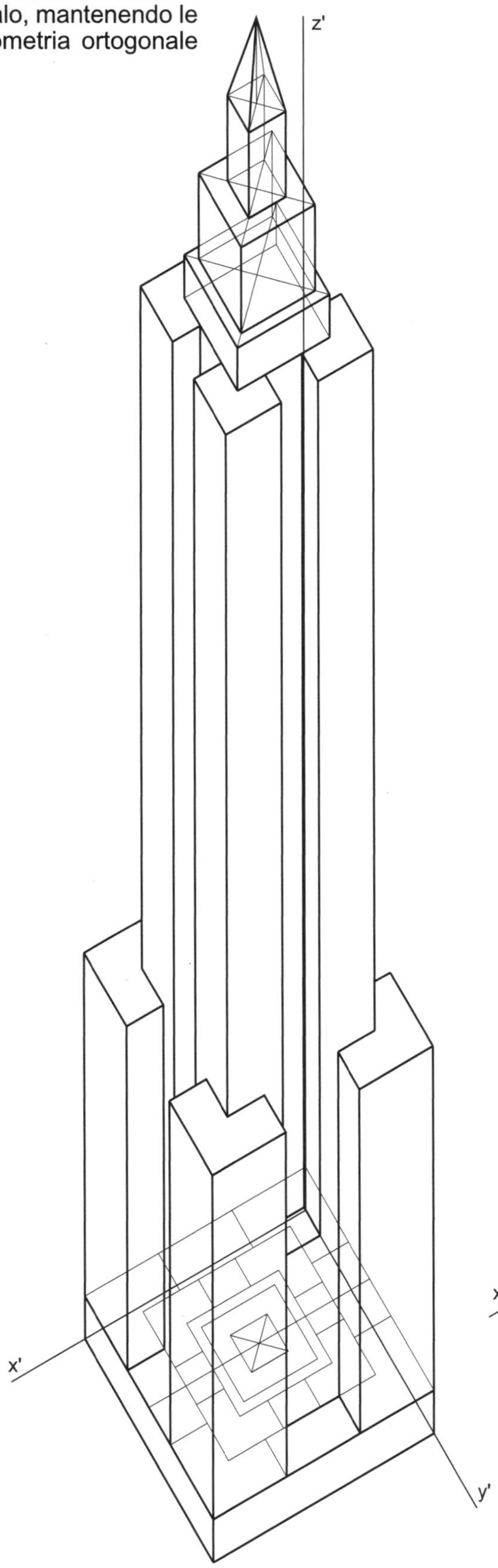

ASSONOMETRIA	Scuola	Classe	Data
	Allievo	Scala	35

Utilizzando il reticolo assonometrico predisposto, disegna in assonometria ortogonale isometrica l'oggetto qui rappresentato in proiezioni ortogonali.

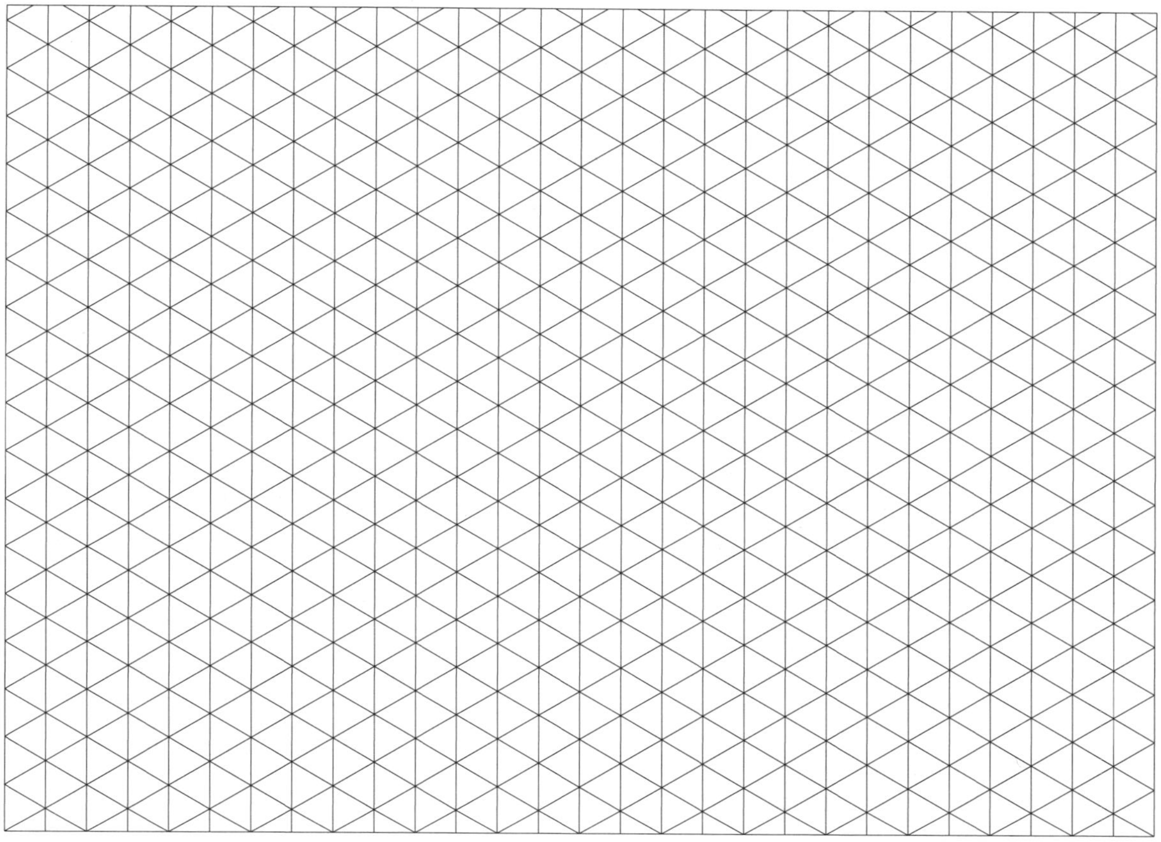

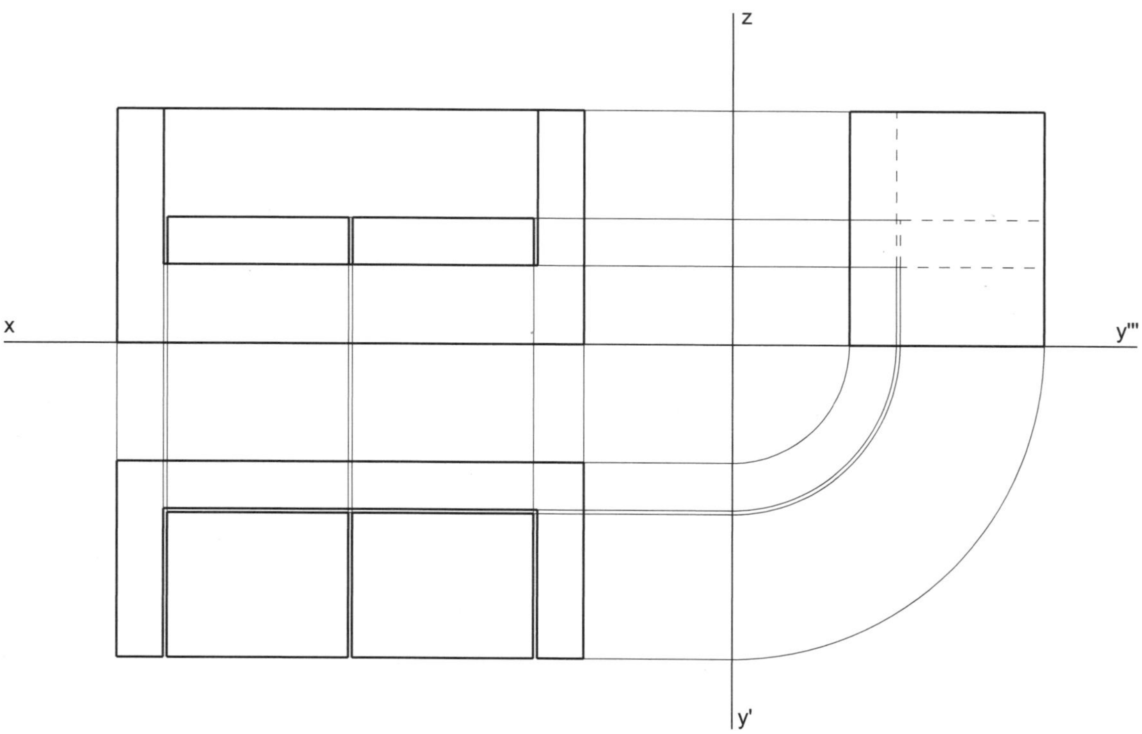

ASSONOMETRIA	Scuola	Classe	Data
	Allievo	Scala	36

Disegna in “esploso” l’oggetto qui rappresentato dividendolo secondo i pezzi componenti e traslandoli nella direzione delle frecce. Raddoppia le dimensioni.

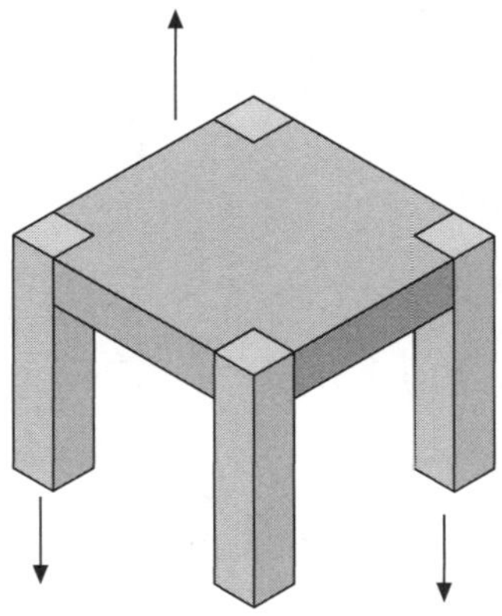

ASSONOMETRIA	Scuola	Classe	Data
	Allievo	Scala	37

Disegna in “esploso” questo edificio, scomponendolo nei suoi vari volumi; mantieni le stesse dimensioni.

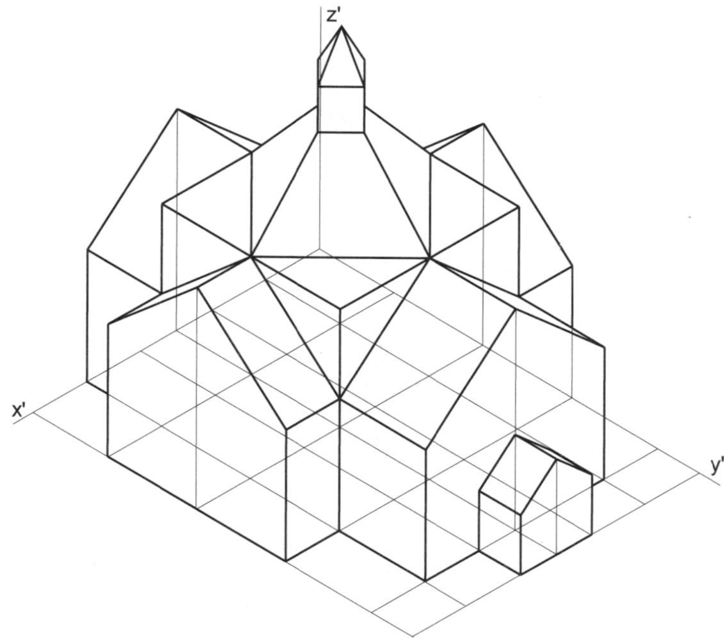

ASSONOMETRIA	Scuola	Classe	Data
	Allievo	Scala	38

Disegna in prospettiva centrale le figure qui rappresentate completando le figure preparatorie. Raddoppia le misure.

a)

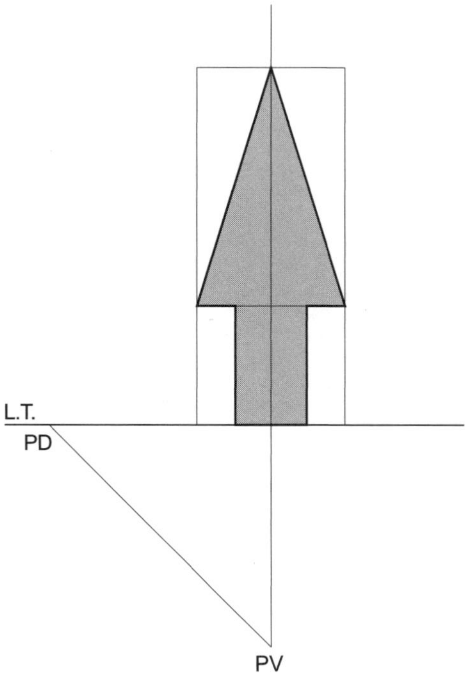

b)

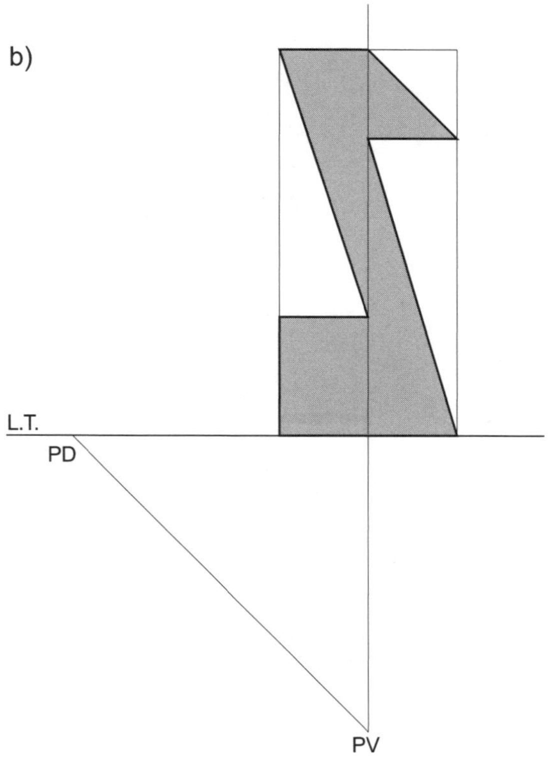

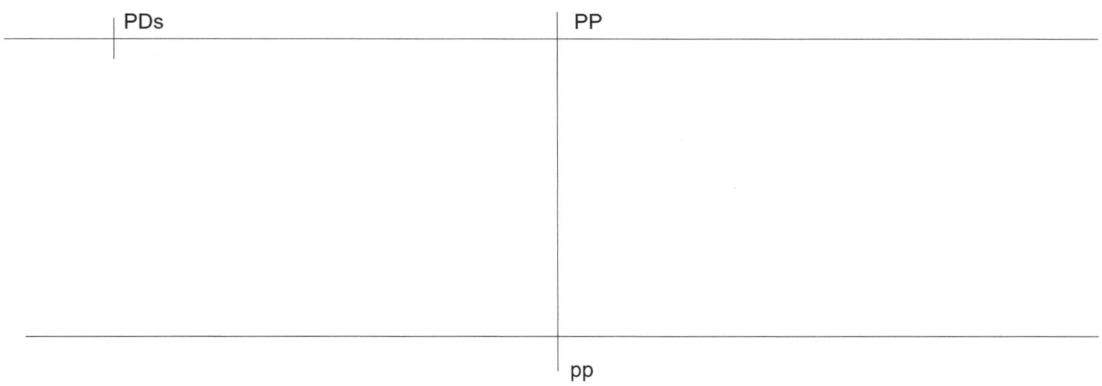

a)

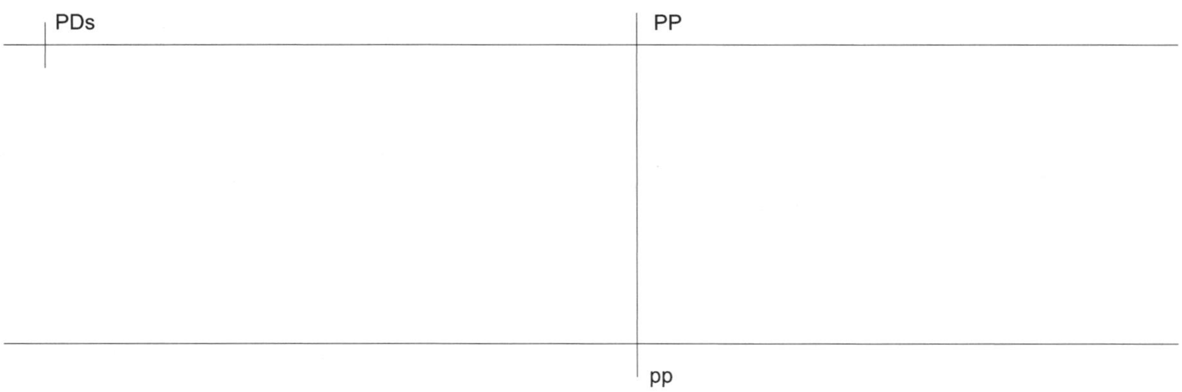

b)

PROSPETTIVA	Scuola	Classe	Data
	Allievo	Scala	39

Disegna in prospettiva centrale il piccolo padiglione qui rappresentato in proiezioni ortogonali. Puoi realizzare la figura preparatoria secondo lo schema qui illustrato, rispettandone le dimensioni. Per la prospettiva raddoppia le dimensioni. Stabilisci tu l'altezza della linea di orizzonte.

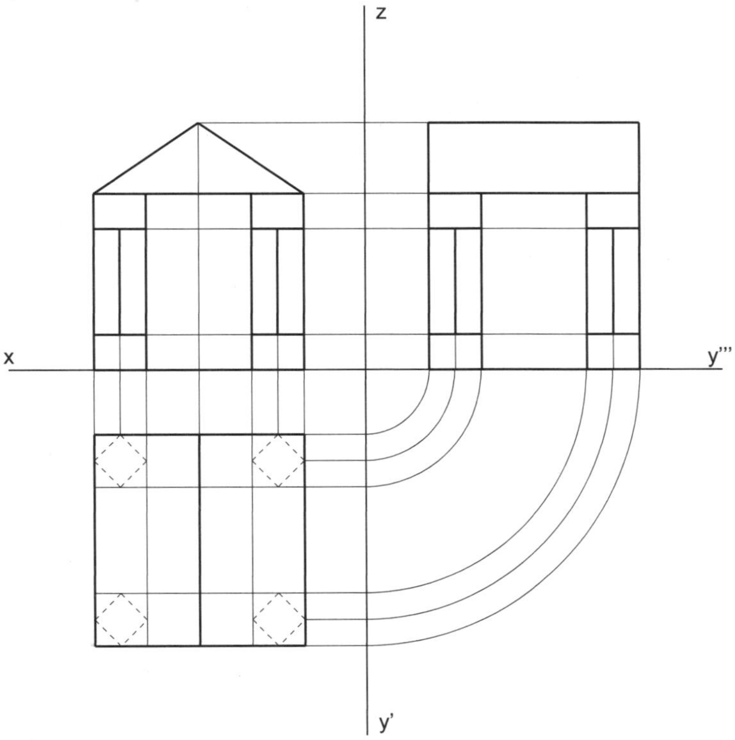

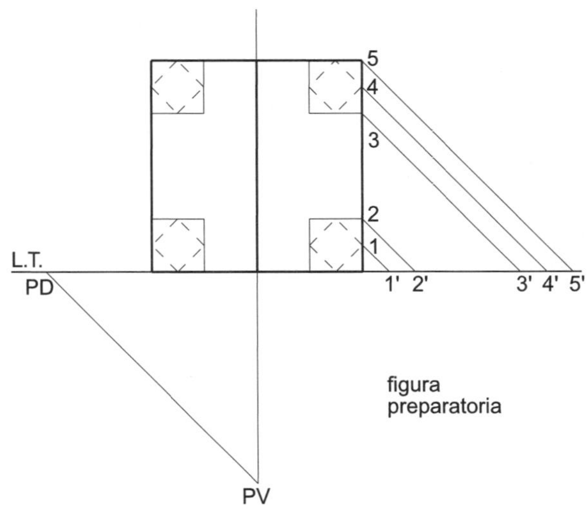

figura preparatoria

PROSPETTIVA	Scuola	Classe	Data
	Allievo	Scala	40

Rappresenta in prospettiva accidentale con il metodo dei punti misuratori l'oggetto proposto.
Partendo dalle proiezioni ortogonali dell'oggetto (*a*), predisponi la figura preparatoria stabilendo l'asse visuale e la posizione su questo del punto di vista *PV* (*b*). Da questo, mandando le parallele ai lati della pianta, individua il punto di fuga destro *Fd* e quello sinistro *Fs*.
Ribaltando da *Fs* ed *Fd* il punto di vista *PV* sul quadro trova i punti misuratori *Ms* e *Md*.
Per comodità di tracciamento, puoi disegnare la prospettiva raddoppiando tutte le misure.

a)

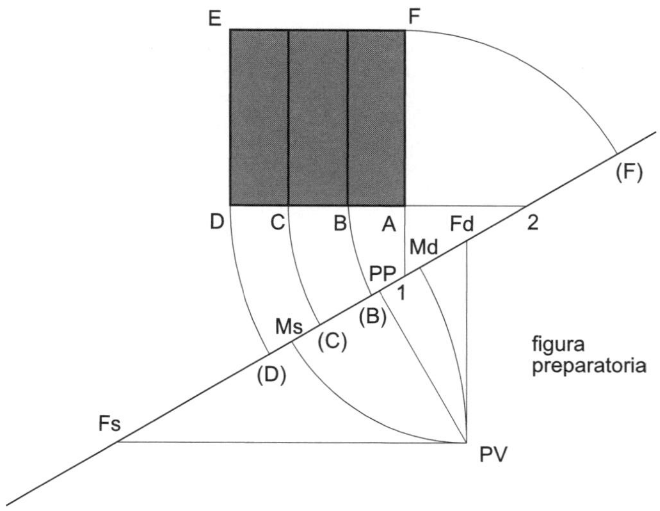

b)

PROSPETTIVA	Scuola	Classe	Data
	Allievo	Scala	41

Disegna la prospettiva accidentale di un solido con pianta irregolare.
1. Scegli il metodo dei raggi visuali.
2. Ingloba la figura irregolare in una forma regolare.
3. Imposta la prospettiva raddoppiando le misure della figura preparatoria.
4. Stabilisci l'altezza della linea di orizzonte.

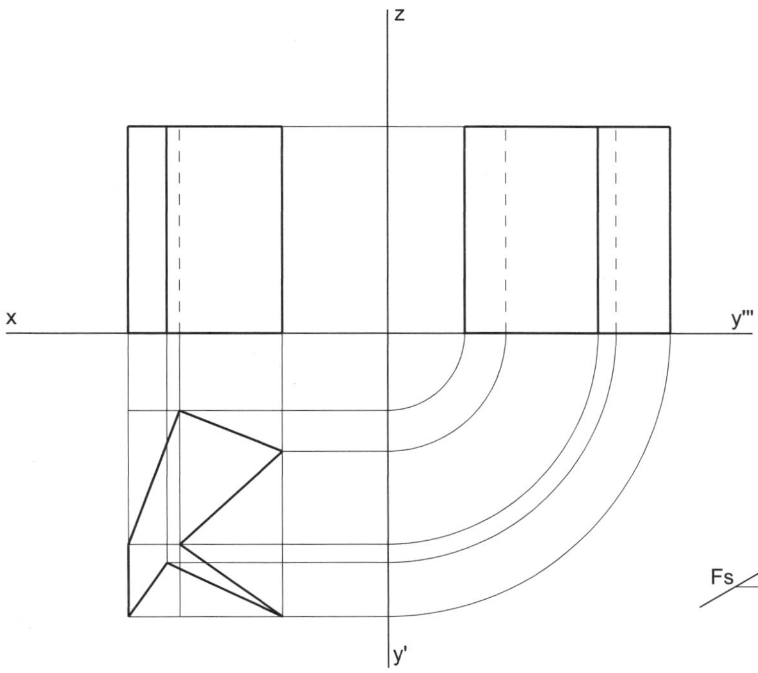

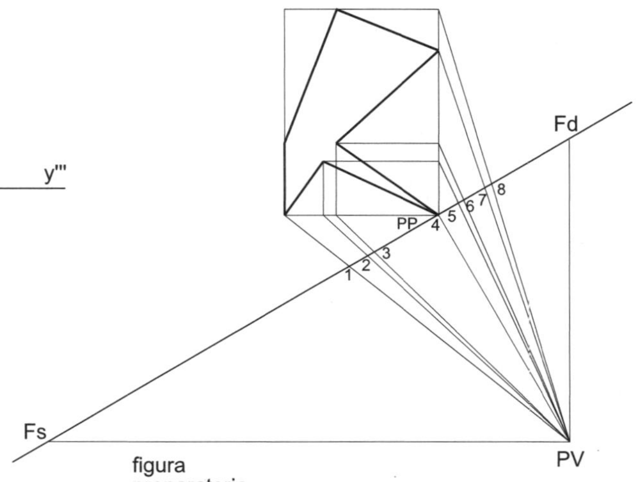

figura preparatoria

PROSPETTIVA	Scuola	Classe	Data
	Allievo	Scala	42

Disegna in prospettiva accidentale, con il metodo dei punti misuratori, l'oggetto rappresentato in proiezioni ortogonali. Raddoppia le misure della figura preparatoria per la realizzazione della prospettiva. Stabilisci l'altezza della L.O.

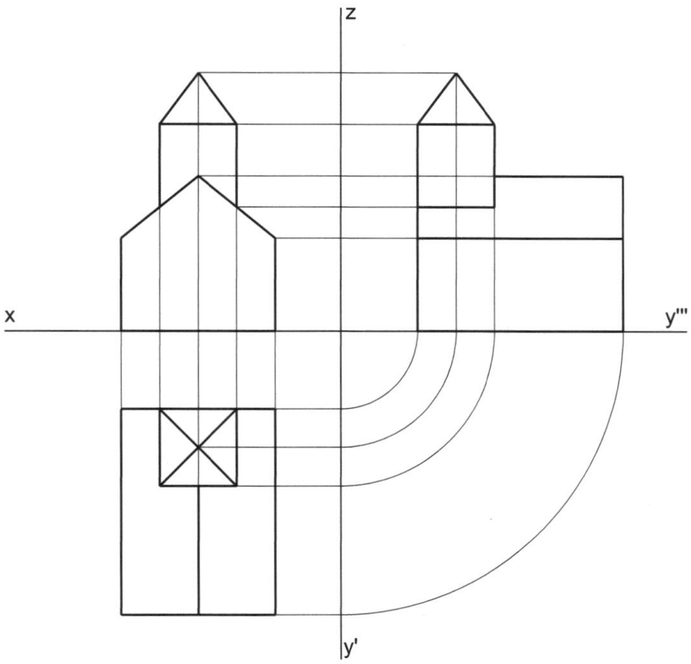

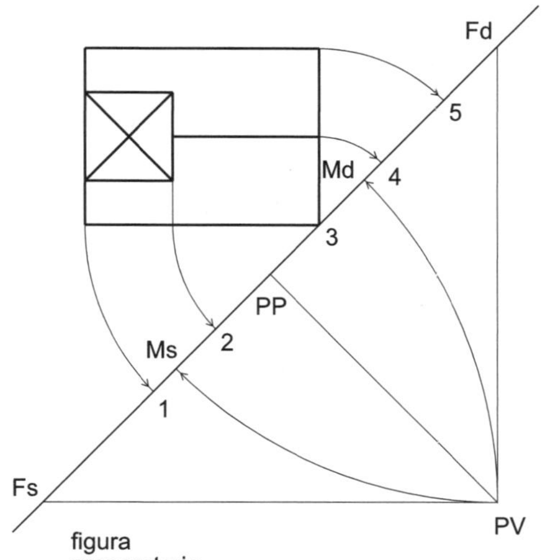

figura preparatoria

PROSPETTIVA	Scuola	Classe	Data
	Allievo	Scala	43

Rappresenta una casetta in prospettiva accidentale con il metodo del taglio dei raggi visuali.
Nell'eseguire la prospettiva raddoppia le misure che ricavi dalla figura preparatoria.

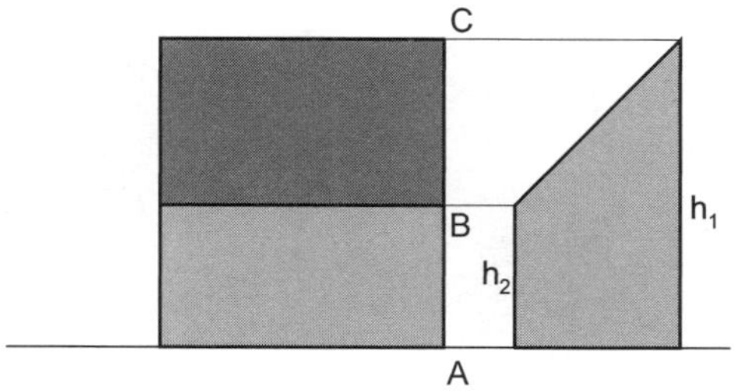

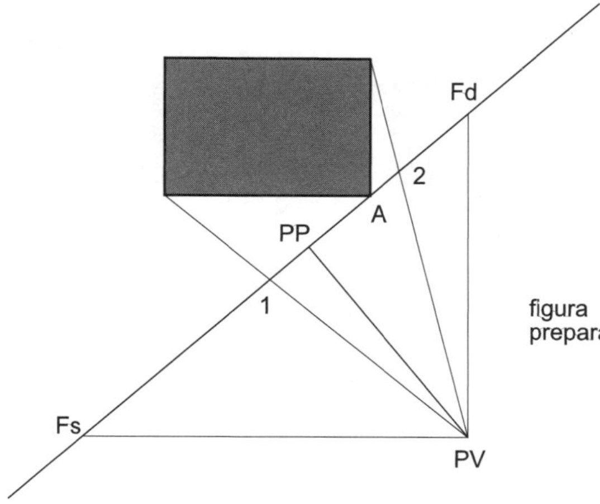

figura preparatoria

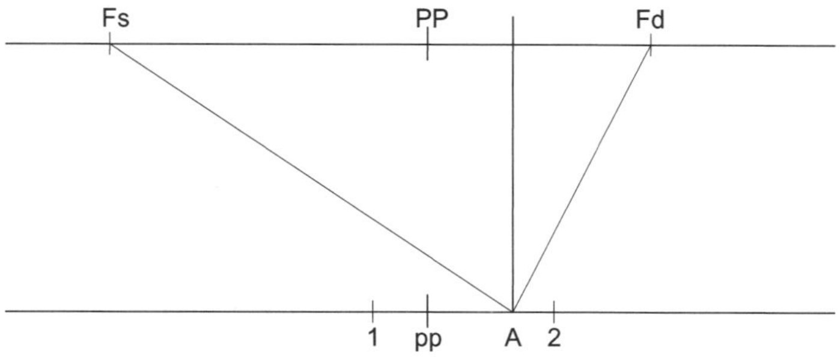

PROSPETTIVA	Scuola	Classe	Data
	Allievo	Scala	44

Disegna l'ombra dello spigolo del parallelepipedo sul cilindro. Occorre utilizzare una serie di verticali sulla superficie del cilindro e, attraverso l'uso dei *raggi inversi*, individuare sul cilindro una serie di punti che, congiunti con un curvilinee, determinano l'ombra sul cilindro.

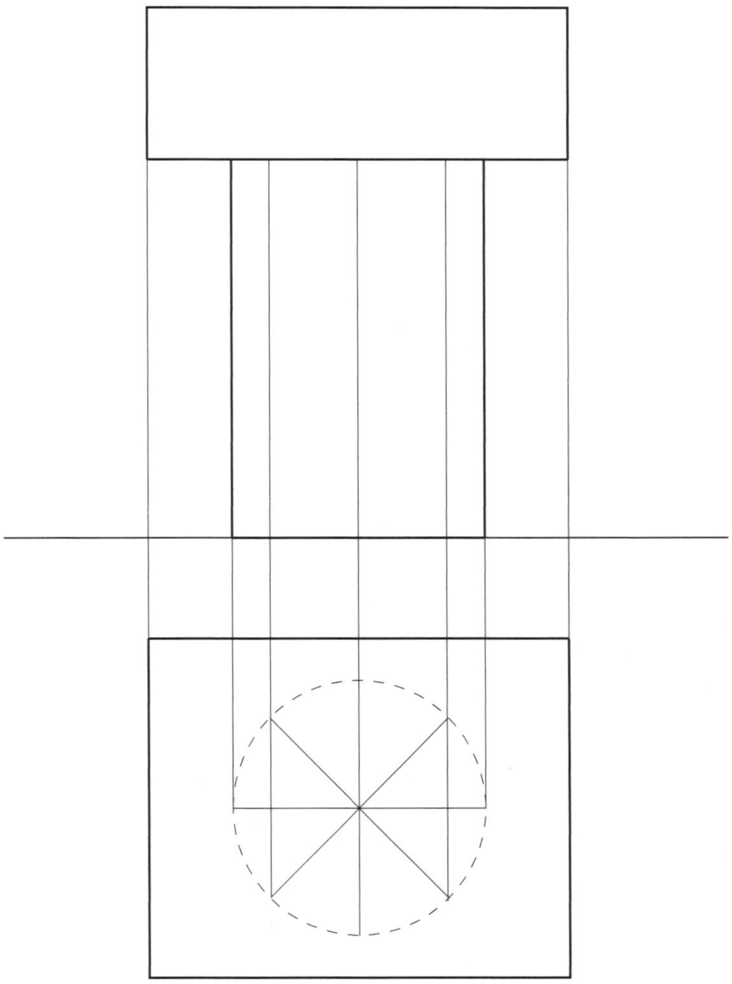

TEORIA DELLE OMBRE	Scuola	Classe	Data
	Allievo	Scala	45

Per trovare l'ombra del parallelepipedo sulla scala, si può scomporre l'ombra del medesimo su più piani ausiliari verticali (per quanto riguarda l'ombra delle alzate) e orizzontali (per l'ombra sulle pedate). Individuata la separatrice d'ombra della scala, traccia l'ombra portata della scala completando il lavoro iniziato. Colora le ombre portate a tuo piacere.

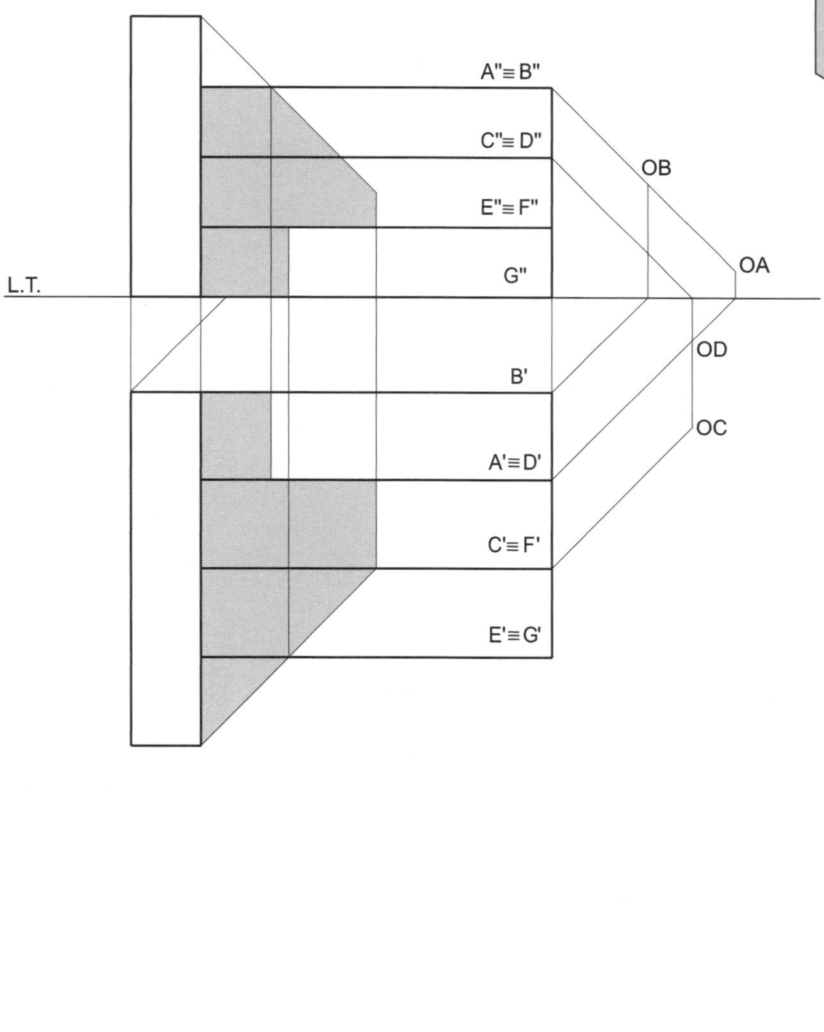

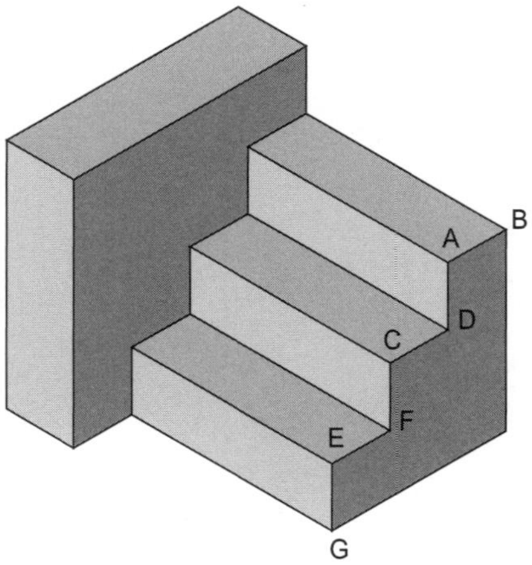

TEORIA DELLE OMBRE	Scuola	Classe	Data
	Allievo	Scala	46

Date la direzione *d* e l'inclinazione *i* dei raggi proiettanti, individua l'ombra portata dei solidi qui rappresentati.

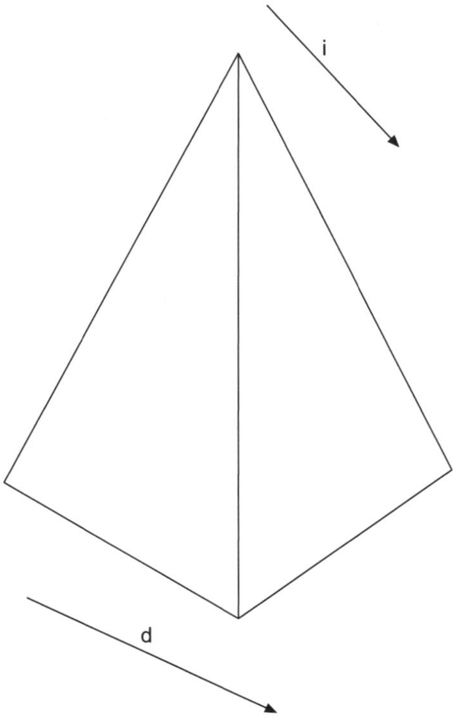

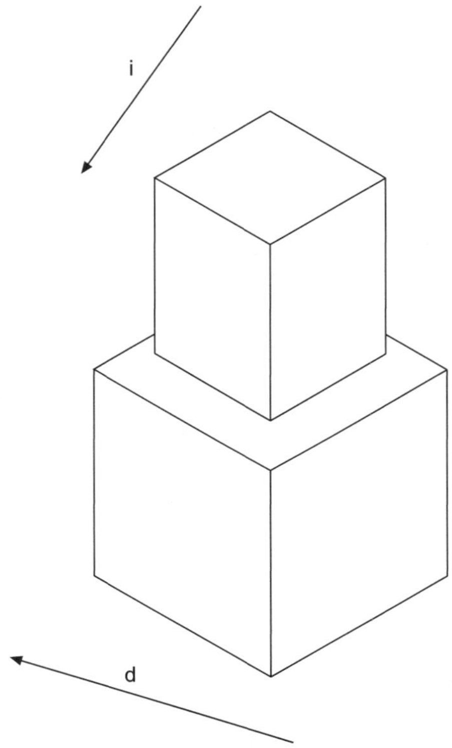

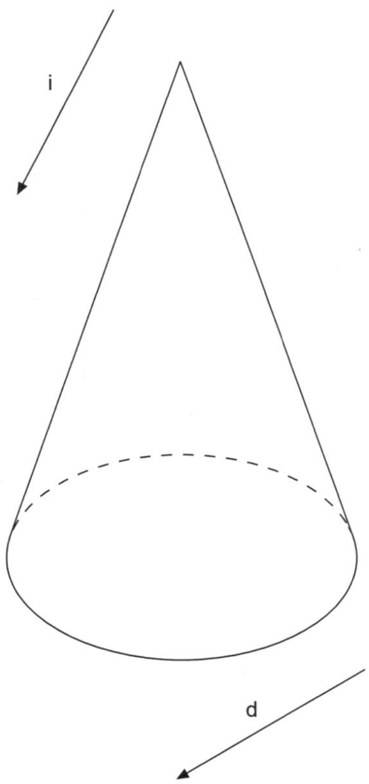

TEORIA DELLE OMBRE	Scuola	Classe	Data
	Allievo	Scala	47